União Marista do Brasil – Umbrasil

Utopias do Vaticano II
Que sociedade queremos? – Diálogos

Dados Internacionais de Catalogação na Publicação (CIP)
(Câmara Brasileira do Livro, SP, Brasil)

Utopias do Vaticano II : que sociedade queremos? : diálogos / União Marista do Brasil - Umbrasil. – São Paulo : Paulinas, 2013. – (Coleção revisitar o Concílio)

Bibliografia.
ISBN 978-85-356-3578-2

1. Concílio Vaticano (2. : 1962-1965) - História - Congressos 2. Socialismo e cristianismo 3. Utopias I. União Marista do Brasil - Umbrasil. II. Série.

13-06324 CDD-262.52

Índice para catálogo sistemático:

1. Concílio Vaticano 2º : Documentos 262.52
2. Concílio Vaticano 2º : História 262.52

1ª edição – 2013

Nenhuma parte desta obra poderá ser reproduzida ou transmitida por qualquer forma e/ou quaisquer meios (eletrônico ou mecânico, incluindo fotocópia e gravação) ou arquivada em qualquer sistema ou banco de dados sem permissão escrita da Editora. Direitos reservados.

Paulinas
Direção-geral:
Bernadete Boff

Editores responsáveis:
Vera Ivanise Bombonatto
Antonio Francisco Lelo

Copidesque:
Mônica Elaine G. S. da Costa

Coordenação de revisão:
Marina Mendonça

Revisão:
Ruth Mitzuie Kluska

Gerente de produção:
Felício Calegaro Neto

Projeto gráfico:
Telma Custódio

União Marista do Brasil – UMBRASIL
Presidente do Conselho Superior:
Ir. Joaquim Sperandio

Diretor-Presidente:
Ir. José Wagner Rodrigues da Cruz

Secretário Executivo:
Ir. Valdícer Civa Fachi

Coordenação da publicação:
Ana Maria da Silva Peixoto
Ir. Antonio Quintiliano da Silva
Joaquim Alberto Andrade Silva
Monica Kondziolková

Rua Dona Inácia Uchoa, 62
04110-020 – São Paulo – SP (Brasil)
Tel.: (11) 2125-3500
http://www.paulinas.org.br – editora@paulinas.com.br
Telemarketing e SAC: 0800-7010081
© Pia Sociedade Filhas de São Paulo – São Paulo, 2013

SCS – Quadra 4 – Bloco A – 2 andar
Edifício Vera Cruz – Asa Sul
70304-913 – Brasília – DF
Tel.: (61) 3346-5058
umbrasil@umbrasil.org.br
www.umbrasil.org.br

Sumário

Apresentação 5
Dom Tomás Balduíno

Decreto *Inter Mirifica* – Grande conquista
do Concílio Vaticano II 9
Joana T. Puntel

Sendo Cristo a luz dos povos – Considerações sobre
a Constituição Dogmática *Lumen Gentium* 27
Antonio José de Almeida

O Capítulo VIII da *Lumen Gentium*: Maria e a Igreja –
Vaticano II hoje por um olhar mariano 45
Francisco das Chagas Costa Ribeiro

De esperança em esperança 71
Fernando Altemeyer Junior

A Constituição *Dei Verbum* do Concílio Vaticano II –
Olhando para trás para avançar melhor 89
Johan Konings

Liturgia para a sociedade que queremos –
De acordo com o Concílio Vaticano II 107
Ione Buyst

Missão como êxodo pascal – Da missão *ad gentes* à missão
intergentes, no mundo contemporâneo de desajustes 125
Joachim Andrade

Sinais de abertura – Liberdade religiosa,
ecumenismo e diálogo inter-religioso 149
Faustino Teixeira

Educação religiosa e juventude 165
   Hildete Emanuele Nogueira de Souza

Renovação da Vida Religiosa – Relação entre
a Vida Religiosa e o laicato pós-Concílio 181
   Vilma Moreira

A vocação dos leigos – Uma abordagem na intenção do
Decreto *Apostolicam actuositatem* do Concílio Vaticano II .. 205
   Cesar Kuzma

A Igreja na América Latina e a "recepção criativa"
do Concílio Vaticano II 229
   Agenor Brighenti

Apresentação

*Dom Tomás Balduíno**

Tive a alegria de participar, em Brasília, no dia 23 de fevereiro de 2013, da abertura de um ciclo de debates sobre a leitura que se faz hoje dos documentos do Concílio Vaticano II, promovido pela União Marista do Brasil, buscando, sobretudo, o nosso engajamento nas suas luminosas perspectivas transformadoras.

Esses debates somam-se a diversas outras atividades, espontâneas ou programadas, realizadas em vários pontos do nosso país, do continente e do mundo, por ocasião do cinquentenário desse grande Evento. Isso é um dos claros sinais dos tempos atuais. Na verdade, o abafamento do Concílio, promovido pela cúpula eclesiástica e acobertado por variados e bonitos nomes, não conseguiu apagar a mecha que continuava a fumegar nas bases da Igreja, nem matou o pouquinho fermento vivo e atuante na massa da realidade do Povo de Deus. O Pentecostes que representou o Concílio para a Igreja e para o Mundo foi muito além das sessões solenes e dos documentos oficiais. Foi a profunda mudança que aconteceu no universo eclesial, seguindo o modelo da Igreja dos Apóstolos e dos Mártires

---

* Dom Tomás Balduíno é mestre em teologia, bispo emérito da cidade de Goiás e conselheiro permanente da Comissão Pastoral da Terra.

e, sobretudo, assumindo a proposta de Jesus de um pequeno rebanho que fosse "sal da terra", "luz do mundo" e "fermento na massa".

Infelizmente, sobreveio o chamado "inverno" na Igreja com a estratégia de atingir os pontos nevrálgicos da vida eclesial e que resultou eficazmente no retorno à situação pré-conciliar ou anticonciliar. Vou assinalar apenas três pontos:

1º O Povo de Deus. O Concílio revolucionou a eclesiologia ao definir a Igreja não mais como hierarquia ou sociedade perfeita, mas como Povo de Deus. Muitos viram isso como uma Igreja de perna para o ar e não se conformaram. Não tardou que um Sínodo dos Bispos convocado por João Paulo II em 1985, para rever as propostas do Concílio, simplesmente cancelou a definição de Igreja como Povo de Deus.

2º A conquista mais fecunda e também a mais polêmica do Concílio foi o Colegiado dos Bispos. Significou a recuperação da figura do bispo segundo o modelo de pastores como Irineu, Agostinho, Ambrósio, Anselmo e outros que não se consideravam delegados de um poder central, mas missionários responsáveis pela sua Igreja local. A solicitude pela realidade mais ampla de região, nação, continente e mundo foi encontrando nas Conferências episcopais o instrumento adequado para enfrentar os enormes desafios que superam de muito a capacidade individual do bispo e até mesmo do Papa agindo em caráter solitário. O que enfraqueceu o Colégio dos Bispos foi o próprio Código de Direito Canônico promulgado por João Paulo II em 1983. Toda a colegialidade dos bispos e do sínodo dos bispos foi atrelada à "cabeça" do colégio dos bispos, o Papa. A competência de decisão das Conferências dos Bispos ficou restrita. Para as questões de maior amplitude há a obrigação de solicitar a confirmação de suas decisões à Santa Sé. Vem completar esse quadro de centralização o processo de nomeação dos bispos que, além do sistema de exclusão até das preferências dos regionais, só escolhe candidatos fiéis e obedientes às propostas da Santa Sé, e tudo sob segredo pontifício.

3º Um terceiro destaque é a severa repressão desencadeada contra cerca de 300 teólogos e teólogas, na forma de admoestações, advertências, ameaças, intimações, transferências, deposições, silêncio obsequioso, revogação de licença para lecionar e até impedimento de pregar em missas. Essas medidas visavam, sobretudo, proteger as casas de formação do clero e seminários, onde toda publicação de conteúdo da Teologia da Libertação foi retirada e proscrita.

Momento novo

Cinco dias depois que proferi essa conferência deu-se o inesperado anúncio da renúncia de Bento XVI, que foi religiosamente cumprida a 28 de fevereiro. E a 13 de março aconteceu a eleição do Papa Francisco. Dada a singular importância desses fatos, não posso me furtar a um comentário sobre eles.

Na realidade nós começamos hoje a viver um tempo semelhante ao anúncio do Concílio pelo Papa João XXIII, verdadeiramente um novo Pentecostes. Por um lado, a renúncia manifestou corajosamente a relatividade do papado, razão de todo esse retrocesso na Igreja. O Papa Paulo VI chegou a declarar que o grande obstáculo ao ecumenismo era a própria pessoa do Papa. Pode-se dizer que o papado, como poder central, absoluto e monopolizador, conseguiu manipular e desfigurar o Concílio Vaticano II. Ora! Isso mudou radicalmente com tal renúncia papal. Bendita renúncia! Mas a grande novidade que está às portas é a entrada do Papa Francisco, que assumiu o caminho aberto pelo seu antecessor, porém não apenas de relativização do papado, mas sobretudo de aceno esperançoso para a imprescindível missão do Povo de Deus.

Agora se pode dizer, depois de tantas manifestações da secreta vitalidade da Igreja neste cinquentenário, que o Povo de Deus, de batizados e batizadas, de religiosos e religiosas, de bispos e pastores, em comunhão solidária com todos os cristãos e com os homens e mulheres de boa vontade, está verdadeiramente maduro para assumir os inúmeros e graves desafios da Igreja e do mundo de hoje, uma vez que vão sendo superados os históricos obstáculos ao cumprimento da missão que nos foi dada pelo Senhor Jesus.

Decreto *Inter Mirifica*
Grande conquista do Concílio Vaticano II

Joana T. Puntel[*]

Agradeço a Comissão organizadora deste Ciclo de Debates sobre o Concílio Vaticano II, como "Utopias do Vaticano II: Que sociedade queremos? Diálogos", pelo convite para contribuir com aspectos de reflexão sobre o Decreto *Inter Mirifica* – comunicação como novo espaço de evangelização.

Inter Mirifica[1] – Um pouco de história

Ousei colocar este título, *Inter Mirifica*: grande conquista do Concílio Vaticano II, porque, quando se fala em conquista, é porque houve uma batalha, ou pelos menos houve um esforço relevante para que se conquistasse algo. Assim aconteceu com o documento do Decreto *Inter Mirifica*. Foi um divisor de águas! Ou seja, uma mentalidade de magistério da Igreja que, não raro, através de vários Pontífices, na trajetória da Igreja, viam a comunicação (aqui falo em geral e, sobretudo, dos meios de comunicação) como algo negativo ou até "ameaçador" ao

---
[*] Joana T. Puntel é Irmã Paulina. Possui graduação em Jornalismo, mestrado e doutorado em Comunicação e pós-doutorado pela The London School of Economics and Political Science (Londres, Inglaterra).
[1] Cf. PUNTEL, Joana T. *Inter Mirifica*: texto e comentário. São Paulo: Paulinas, 2012.

poder, ao ponto de se posicionarem contra a liberdade de expressão; censura em nível interno da Igreja, índice dos livros proibidos etc.

É preciso que se diga isso para perceber o quanto significou o *Inter Mirifica* entre os 16 documentos do Concílio. O fato importante reside na introdução e começo da discussão sobre a temática. Pois os outros documentos tratavam de *aggiornarsi*, "revê-los", embora fossem fundamentais para a Igreja. Mas em termos de novidade na pauta conciliar foi a comunicação.

O Decreto *Inter Mirifica* é o segundo dos dezesseis documentos publicados pelo Vaticano II. Aprovado em 4 de dezembro de 1963, assinala a primeira vez que um concílio geral da Igreja se volta para a questão da comunicação. Pela primeira vez, um documento universal da Igreja assegura a *obrigação* e o *direito* de ela utilizar os instrumentos de comunicação social. Além disso, o *Inter Mirifica* também apresenta a primeira orientação geral da Igreja para o clero e para os leigos sobre o emprego dos meios de comunicação social. Havia agora uma posição oficial da Igreja sobre o assunto.

Para entender melhor como era a compreensão da Igreja para com o tema da comunicação, faz-se necessário observar que o decreto *Inter Mirifica* foi preparado antes da primeira sessão do Vaticano II pelo Secretariado Preparatório para a Imprensa e Espetáculos (novembro de 1960 a maio de 1962). E o esboço do documento foi aprovado pela Comissão Preparatória Central do Concílio. Já na primeira sessão do Concílio, em novembro de 1962, o documento foi debatido e o esquema, aprovado, mas o texto foi considerado muito vasto. Houve uma drástica redução do texto que deixa margem para conotações e variadas conclusões, pois o texto de 114 artigos foi reduzido para 24 artigos e apresentado novamente na segunda sessão do Concílio – novembro de 1963. A apuração dos votos registrou 1.598 "sim" contra 503 "não". Entretanto, ao contrário de demonstrar que isso seria um "ganho folgado", é preciso relevar que o *Inter Mirifica* foi o documento do Vaticano II aprovado com o maior número de votos contrários.[2]

O alto nível de oposição ao Decreto, segundo o estudioso Baragli, foi atribuído à publicação simultânea de várias críticas ao documento, feitas por jornalistas, algumas vezes teólogos, em diversos jornais influentes da Europa e dos Estados Unidos. Houve três correntes de crítica: uma francesa, outra americana e uma terceira alemã. Algumas delas apontavam que o documento não trazia mudanças significativas, uma vez que o texto "não continha posições inovadoras".[3] Alguns desses grupos lançaram circular, folhetos mimiografados e distribuídos na Praça São Pedro momentos antes da sessão conciliar. Julgavam o documento vago e trivial, falando de uma imprensa inexistente. Chegaram a alertar que o Decreto, "assim como está agora", demonstrava à posteridade a incapacidade do Vaticano II de enfrentar os problemas do mundo atual.[4]

Entretanto, apesar de tantas controvérsias e que o texto original do *Inter Mirifica* tenha sido tão reduzido, o

---

[2] BARAGLI, Ernesto. *L'Inter Mirifica* (Studio Romano della Comunicazione Sociale, Roma, 1969). Baragli foi um dos membros da Comissão Preparatória desse documento. Ver mais adiante as informações do pesquisador dominicano e estudioso da comunicação, Romeu Dale, sobre as votações.
[3] Ibid., p. 144.
[4] Mensagem dos jornalistas americanos distribuída na Praça São Pedro, a 16 de novembro de 1963, citada em E. Baragli, op. cit., p. 168.

documento foi mais positivo e mais matizado do que os demais documentos pré-conciliares.[5]

Documento[6] – Introdução

A Introdução do documento revela uma riqueza ímpar. O primeiro ponto importante é que a Igreja celebra, pela primeira vez, a aceitação "oficial" da comunicação, denominada, ainda, como "instrumentos de comunicação". Tal importância refere-se ao fato da "aceitação oficial" da comunicação social e pode ser entendida como uma "legitimação" para o uso dos meios pela Igreja. Somente esse fato corresponde ao valor imprescindível do Decreto, pois este se apresenta como uma espécie de "divisor de águas", se levarmos em conta a trajetória anterior da relação Igreja-comunicação, desenvolvida em diferentes épocas e, praticamente, sem diálogo com a cultura em muitas áreas, como a da comunicação (naturalmente que houve algumas iniciativas esporádicas, como o jornal *L'osservatore Romano*, a fundação da Rádio Vaticana etc.). O documento refere-se aos instrumentos de comunicação, como imprensa, rádio, televisão, cinema e outros meios semelhantes, que também podem ser propriamente classificados como meios de comunicação social. O Decreto refere-se ao que fora comumente classificado como meio de comunicação de massa até aquela data. Nenhuma atenção é dada, no documento, às forças que articulam os meios

---

[5] MILLS, John O. God, Man and Media: on a problem when theologians speak of the modern world. In: *Sociology and Theology – aliance and conflict*.

[6] Para maior aprofundamento do tema referente ao Decreto *Inter Mirifica*, ver PUNTEL, Joana T. *Inter Mirifica*: texto e comentário. São Paulo: Paulinas, 2012.

de comunicação: por exemplo, anúncios, marketing, relações públicas e propaganda.

A Introdução do documento usa a *terminologia* "comunicação social", preferindo-a a *mass media* ou "comunicação de massa". Tal preferência baseou-se no fato de que o Decreto queria referir-se a todas as tecnologias de comunicação, mas também usou um conceito de tecnologia que não se ateria apenas às técnicas ou à difusão destas, porém, incluía os atos humanos decorrentes, que são, no fundo, a principal preocupação da Igreja em seu trabalho pastoral. A comunicação não pode reduzir-se a simples instrumentos técnicos de transmissão, mas deve ser considerada como um processo de relacionalidade entre os homens.

Na análise detalhada de Ernesto Baragli (*L'Inter Mirifica*, p. 308, n. 2), os padres conciliares reconhecem a ambivalência cultural, social e moral dos meios de comunicação social. E dois dados de fato estavam presentes nas mentes dos participantes do Vaticano II:

> Primeiro, que se trata de realidades muito complexas; segundo, que as mesmas implicam comportamentos humanos e sociais a respeito do que, mesmo fora do âmbito conciliar, é difícil qualquer juízo apriorístico e definitivo, sobretudo quando os fenômenos estão ainda na fase inicial e, portanto, explosiva.

Capítulo I – Normas para o correto uso dos meios de Comunicação Social

O Capítulo I inicia-se com uma afirmação importante: o direito natural que a Igreja tem de usar os meios e de ensinar a sua reta utilização. Nesse caso, a Igreja coloca-se com o direito radical de, como qualquer outra organização social, possuir e usar de tal meios como úteis à educação cristã, cabendo aos pastores a orientação para o uso adequado deles. Muitos críticos tomaram tal afirmação como um material para longa polêmica. Questionaram que um documento conciliar sobre tema tão relevante iniciasse seu desenvolvimento com a firmação de um "direito de posse", antes mesmo de reafirmar a missão humana e universal desses meios. Entretanto, o estudioso Baragli, que esteve envolvido profundamente na Comissão e na análise do Decreto, recorda que a primeira parte do documento dedicado às premissas foi o único espaço utilizado para afirmar uma doutrina segura e tradicionalmente aceita. Ele lembra ainda que o que realmente se queria ter como certo não era tanto o "direito de possuir ou não", mas a originalidade desse direito (natural, *nativum*). Leve-se em conta que tal direito era desrespeitado em muitos países, especialmente de regime político totalitário.

O capítulo menciona especialmente os leigos, como membros da Igreja, para animar os meios de comunicação com espírito cristão. Assim, a Igreja deixa entrever o papel do leigo inserido na Igreja. E ressalta que o uso dos meios de comunicação deve adequar-se à ordem dos valores humanos. É por isso que o documento se preocupa com o aspecto ético nas comunicações e encontra-se, no primeiro capítulo, podemos dizer, uma "coleção de deveres" apontados pela Igreja, deveres esses recomendados pela Igreja.

Entretanto, a maior contribuição do *Inter Mirifica*, em nossa opinião, foi sua assertiva sobre o *direito de informação*, no n. 5 do documento, quando diz "É intrínseco à sociedade humana o direito à informação sobre aqueles assuntos que interessam aos homens e às mulheres, quer tomados individualmente, quer reunidos em sociedade, conforme as condições de cada um" (IM 5). Considerado, provavelmente, a mais importante declaração do documento, esse trecho demonstra que o direito à informação foi visto pela Igreja não como um objeto de interesses comerciais, mas como um bem social.

Capítulo II – Os meios de comunicação social e o apostolado

O ponto de partida do Capítulo II, sem acrescentar inovações em relação às recomendações de documentos romanos anteriores, volta-se para a ação pastoral, incentivando todos os católicos a que promovam (art. 14) e sustentem (art. 17) a boa imprensa, produzam e exibam excelentes filmes, deem eficaz ajuda à boa transmissão de rádio e televisão. Para alcançar tal objetivo, é preciso formar os autores, atores e críticos (art. 15), bem como os usuários (art. 16).

Quanto à questão da formação, é oportuno recordar que, a seu modo, segundo a pedagogia das diversas épocas, a Igreja tem sempre insistido na formação dos receptores e, mais adiante, dos comunicadores. Pode-se dizer que há uma progressiva insistência da Igreja desde a encíclica sobre o cinema *Vigilanti Cura* (Pio XI, 1936); ela tem-se preocupado com o receptor – mesmo mediante o incentivo para que se criassem em todos os países órgãos nacionais que se ocupassem da "boa indicação" de filmes para os telespectadores. Assim também em 1957, a *Miranda Prorsus*, do Papa Pio XII, demonstra preocupação na formação do telespectador e incentiva a criação de organismos nacionais que se ocupem com a educação dos receptores.

É no decreto *Inter Mirifica* (1963) que a Igreja torna-se mais explícita a respeito da formação, agora com uma diferença – a de que os sacerdotes e leigos não somente cuidem dos receptores, mas se preparem para o mundo da comunicação. E diz textualmente que:

> Tudo isso requer pessoal especializado no uso desses meios para o apostolado. É indispensável pensar em formar, desde cedo, sacerdotes, religiosos e leigos que desempenhem tais tarefas. É preciso começar por preparar os leigos do ponto de vista doutrinário, moral e técnico, multiplicando escolas, institutos e faculdades de comunicação... (n.15).[7]

Na história dos documentos e pronunciamentos do magistério sobre as comunicações sociais, uma significativa evolução de pensamento começa a tomar corpo. Mesmo no que diz respeito aos *new media*, a Igreja progride no esforço por compreender e expressar seu desejo de inculturar-se nos novos espaços dos processos comunicativos, a cultura midiática. Ela já não concebe mais a comunicação de forma restrita ou simplesmente como "meios" ou "instrumentos" a serem usados ou dos quais precaver-se. Agora, ela se esforça para prosseguir na mudança de mentalidade, tentando compreender, na prática (porque nos documentos ela já o fez), como modificar seus métodos pastorais para que tenham em conta que a comunicação vai além do "manipular" máquinas de comunicação. Trata-se de uma cultura. A cultura midiática.

---

[7] Ver, por exemplo, n. 11 da Instrução Pastoral *Communio et Progressio*.

O n. 18 do *Inter Mirifica* incentiva a criação de um *Dia Mundial das Comunicações* para a instrução do povo no que tange à reflexão, discussão, oração e deveres em relação às questões de comunicação. É sempre importante mencionar a origem e trajetória do Dia Mundial das Comunicações, celebrado no domingo da Ascensão, a fim de que se crie uma cultura sobre a profundidade de um "mandato" da Igreja, que passa despercebido, inclusive, por vários setores da Instituição.

Trata-se de algo solicitado pelo Concílio Vaticano II, no *Inter Mirifica*, n. 18, quando a Igreja, levando em consideração as profundas transformações da sociedade e avanços na área tecnológica em todos os setores, percebeu, também, o seu "despreparo" nesse campo. Assim, ela entendeu que, a respeito da comunicação, não bastava apenas a profissionalização e competência técnica no uso dos meios, mas também compreender a evolução da comunicação, na suas mais diferentes expressões, como linguagem, cultura e, sobretudo, como elemento articulador da sociedade.

Justamente para reforçar o variado apostolado da Igreja por intermédio dos meios de comunicação social, diz o *Inter Mirifica* (18): "Celebre-se anualmente, nas dioceses do mundo inteiro, um dia dedicado a ensinar aos fiéis seus deveres no que diz respeito aos meios de comunicação, a se orar pela causa e a recolher fundos para as iniciativas da Igreja nesse setor, segundo as necessidades do mundo católico".

Portanto, com a finalidade de levar adiante a atenção--ação nesse importante setor da comunicação, e lembrando o "mandato" do Vaticano II (n. 19), o Papa Paulo VI cria em 1964 a Pontifícia Comissão para as Comunicações

Sociais, com a finalidade de coordenar e estimular a realização das propostas dos Padres Conciliares. Assim, após receber o parecer de presidentes de Comissões Episcopais, em 1964 e 1965, sobre como aplicar o que foi estabelecido no n. 18 do *Inter Mirifica*, criou-se o Dia Mundial das Comunicações Sociais (em 1966), com a aprovação do Sumo Pontífice. E no dia 7 de maio de 1967 celebrou-se *pela primeira vez*, no mundo inteiro, o Dia Mundial das Comunicações Sociais (celebrado sempre no domingo da Ascensão).

O *Inter Mirifica* volta-se, também, nos artigos 19-21, para a ação pastoral da Igreja em relação à comunicação e, na concepção da época, aos instrumentos de comunicação social. Tanto o clero quanto o laicato foram convidados a empregar os instrumentos de comunicação no trabalho pastoral. Enumeram-se então diretrizes gerais, referentes à educação católica, à imprensa católica e à criação de *secretariados diocesanos*, nacionais e internacionais, de comunicação social ligados à Igreja (22).

Conclusão

O documento encerra-se com uma determinação que estabelece a elaboração de uma nova orientação pastoral sobre comunicação, "com a colaboração de peritos de várias nações", sob a coordenação de um secretariado especial da Santa Sé para a comunicação social (IM 23). Criou-se, assim, por Paulo VI, em 1964, uma Comissão mundial, que, de Secretariado, passou a chamar-se *Pontifício Conselho para as Comunicações Sociais* (que é permanente no Vaticano) e já mencionado nesta conjuntura. Nasceu assim a Instrução Pastoral *Communio et Progressio* (oito anos depois), em 1971.

Soares aponta em sua tese de doutorado que, nos anos que mediaram *Inter Mirifica* e *Communio et Progressio*, o decreto conciliar foi objeto de severas críticas, tendo sido usadas contra o texto oficial expressões como "clericalista", "inócuo", "inútil", "medíocre", "moralista", "natimorto", entre outras. Lamentou-se em mais de uma ocasião a completa ausência de leigos e especialistas em comunicação nas reuniões das comissões preparatórias. Foi permitida apenas a presença de cardeais, bispos e eclesiásticos insignes. O próprio Baragli reconheceu a escassa formação dos eclesiásticos no campo da comunicação ou sua formação apenas setorial (*L'Inter Mirifica*, p. 195-196), enquanto outras comissões do Concílio chegavam a convocar especialistas, mesmo fora do catolicismo, para auxiliá-las. Assim, a comissão que preparou o esquema nunca ouviu ninguém que não fosse padre ou bispo (Soares, p. 104).

Avanços

Entretanto, apesar da brevidade do documento conciliar, é preciso e justo ressaltar alguns avanços:
- primeiramente, trata-se de um documento do Concílio Vaticano II. Assim, na consideração de Soares, podemos dizer que o tema da comunicação ganhou cidadania e independência na Igreja. O fato tem relevância e passa a ser importante, levando-se em consideração que os padres presentes ao Concílio estavam (por questão de formação ou de prática pastoral) preocupados com outros temas, julgados controvertidos ou essenciais ao *aggiornamento* desejado por João XXIII. A prática hodierna demonstra que, infelizmente, persiste tal atitude em muitas situações, a ponto

de João Paulo II dizer na *Redemptoris Missio* (37c) que o tema comunicação é considerado apenas secundariamente no planejamento pastoral. Entretanto, o *Inter Mirifica* pode ser considerado um divisor de águas no universo dos discursos da Igreja sobre o tema comunicação.

- A Igreja reconheceu o direito à informação, no artigo 5.
- Houve o reconhecimento também do dever de todos de contribuir para a formação das retas opiniões públicas, no artigo 8.
- Diante do conteúdo duvidoso, deu preferência à escolha livre e pessoal, em vez da censura proibitiva, no artigo 9.
- Incluiu na prática pastoral o dever da formação pessoal do receptor (art. 9), com a consequente indicação das formas para consegui-la (art. 16). Tal recomendação abriu caminho para a ênfase de documentos posteriores sobre a comunicação incentivarem a necessidade de formação para a comunicação, ultrapassando o reducionismo do uso dos meios, isto é, levando em consideração a cultura, o diálogo entre a fé e a cultura, com novos paradigmas, novos processos comunicativos na sociedade contemporânea. E sobre isso os documentos são claros, mas a prática encontra-se bastante defasada. Conclui-se a falta de conhecimento, estudo e reflexão sobre os documentos da Igreja no que tange à comunicação.
- Elevou os meios da categoria de subsídios acessórios para o lugar privilegiado de meios indispensáveis ao

magistério ordinário e ao serviço da evangelização (artigos 13, 14 e 17).

- A formação da reta consciência, incluída no artigo 9, substituiu a cega obediência exigida nos documentos do passado.

- O incentivo para estabelecer um dia anual para o estudo, a reflexão, análise, ação e oração no que concerne à comunicação (artigo 18). É a primeira vez que um Concílio atua dessa forma. E o Papa Paulo VI foi o primeiro a colocar em prática tal incentivo, iniciando por escrever a mensagem para o Dia Mundial das Comunicações. Iniciativa que foi continuada por João Paulo II e, atualmente, por Bento XVI, demonstrando, por meio de seus conteúdos, uma grande atualização do Magistério, no mundo das comunicações, e qual deveria ser o comportamento cristão.

- O pedido para que se criasse um secretariado na Santa Sé, especializado na questão da comunicação, pode ser, também, considerado "avanço", pois é de grande auxílio para o desenvolvimento do entender da Igreja sobre a comunicação e, especialmente nestes últimos tempos, a cultura digital.

Na esteira do *Inter Mirifica*: a comunicação como espaço de evangelização

Na nossa fase atual, vivemos uma "encruzilhada" mediante os desafios da cultura midiática, pois a comunicação se apresenta progressivamente como *elemento articulador da sociedade* (AP 484). Desafios que ultrapassam o "uso" da tecnologia e tocam a esfera da cultura e da questão ética, uma vez que o uso meramente funcional das novas tecnologias desconhece os caminhos (pistas) mais profundos para entender a emergência dos signos de uma nova cultura, de modos de compreensão e interação de sensibilidades, conhecimentos, informações.

A Igreja encontra-se, então, em uma espécie de encruzilhada, em que é preciso repensar sua compreensão do que seja a comunicação, para, então, criar políticas de atuação. Em primeiro lugar é necessário compreender que a *comunicação é um elemento articulador da sociedade;* em outras palavras, a Igreja, para compreender a pessoa humana, no contexto atual, deve necessariamente admitir a comunicação como um aspecto essencial, que articula e move a lógica da mudança hoje.

Mas aqui surge o *primeiro grande desafio,* em nossa opinião: não se trata apenas de a Igreja preparar-se "profissionalmente" para o uso das novas tecnologias e assim saber "mecanicamente" operacionalizar as novas invenções. O eixo fundamental reside no fato de compreender o que significa encontrar-se diante de uma verdadeira "revolução" tecnológica que exige ir além dos instrumentos, e tomar consciência das "mudanças" fundamentais que as novas tecnologias operam nos indivíduos e na sociedade, por exemplo, nas relações familiares, de trabalho etc. A questão não se coloca entre o aceitar ou rejeitar. Estamos diante de um fenômeno global, que se conjuga com tantos outros aspectos da vida social e eclesial. Portanto, não basta apenas dispor de meios ou de um treinamento profissional; é preciso uma *formação cultural,* doutrinal e espiritual, bem como considerar a comunicação mais do que um simples exercício na técnica, como afirma o documento da Igreja *Ética na Internet* (n. 11,3).

Os novos meios e tecnologias de comunicação, cada vez mais usados, velozes e invasivos, são características de nossa época e têm modificado profundamente a existência cotidiana das pessoas. Cria-se uma cultura participativa e uma construção partilhada de conhecimento ("inteligência coletiva"). Essas novas tecnologias, cultura digital, estão impulsionando uma profunda transformação da comunicação, dando lugar a uma nova cultura com *novas linguagens*.

É fundamental levar em consideração que as rápidas e contínuas transformações obrigam a revisar a clássica divisão entre emissores (operadores) e receptores dos meios, dada a interatividade e o progressivo desaparecimento das fronteiras. Isso "toca" de maneira especial o que chamamos de "processo de comunicação". Sim, trata-se de atentar para a mudança de processar a comunicação. E isso toca a Igreja, especialmente nos seus métodos pastorais. Exige mudança de mentalidade para estabelecer o diálogo atual entre fé e cultura. Um grande e necessário desafio para a atualidade da Igreja, porque está nascendo "uma nova maneira de aprender e ensinar".[8]

O interesse da Igreja pela comunicação nas redes sociais digitais, também como espaço de evangelização, manifesta sua capacidade de acompanhar o desenvolvimento humano, cultural e científico da comunicação, o desejo permanente de dialogar e participar ativamente, da ambiência que envolve o processo de criação das novas expressões de relacionamento. As palavras de Bento XVI convidam os cristãos "a unirem-se confiadamente e com criatividade consciente e responsável na rede de relações

---

[8] Mensagem do Papa Bento XVI para O Dia Mundial das Comunicações – 2011.

que a era digital tornou possível; e não simplesmente para satisfazer o desejo de estar presente, mas porque essa rede tornou-se parte integrante da vida humana".[9]

Ainda, o pensamento da Igreja, nas palavras de Bento XVI, incentivando a levar para o mundo digital o testemunho da fé. Sentirmo-nos comprometidos a "introduzir na cultura desse novo ambiente comunicador e informativo os valores sobre os quais assenta a vossa vida. Nos primeiros tempos da Igreja, os Apóstolos e os seus discípulos levaram a Boa-Nova de Jesus ao mundo greco-romano: como então a evangelização, para ser frutuosa, requereu uma atenta compreensão da cultura e dos costumes daqueles povos pagãos com o intuito de tocar as suas mentes e corações, assim agora o anúncio de Cristo no mundo das novas tecnologias supõe um conhecimento profundo delas para se chegar a uma sua conveniente utilização" (43º Dia Mundial das Comunicações – 2009).

Concluo com as palavras de Dom Claudio M. Celli, presidente do Pontifício Conselho para as Comunicações, na Santa Sé, na sua intervenção no Sínodo realizado sobre a nova evangelização (2012), referindo-se à comunicação:

> A nova evangelização nos pede para sermos atentos à "novidade" do contexto cultural, no qual somos chamados a anunciar a Boa-Notícia de Jesus Cristo, mas também à novidade dos métodos que devemos utilizar. Os novos meios são relevantes em dois aspectos: eles estão mudando radicalmente a cultura em que vivemos e, ao mesmo tempo, oferecem novos percursos para partilhar a mensagem do Evangelho.[10]

---

[9] Mensagem para o 45º Dia Mundial das Comunicações – 2011.
[10] Tradução minha.

Enfatizo também, como conclusão, o tema para o Dia Mundial das Comunicações (2013), pelo Papa Bento XVI: "Redes digitais: portais de verdade e de fé; novos espaços de evangelização".

Referências bibliográficas

BARAGLI, Ernesto. *L'Inter Mirifica* (Studio Romano della Comunicazione Sociale). Roma, 1969. p. 144.

MILLS, John O. God, Man and Media: on a problem when theologians speak of the modern world. *Sociology and Theology – aliance and conflict*. Boston: Brill, 2004.

PUNTEL, Joana T. *Inter Mirifica*: texto e comentário. São Paulo: Paulinas, 2012.

Sendo Cristo a luz dos povos
Considerações sobre a Constituição Dogmática *Lumen gentium*

*Antonio José de Almeida**

Introdução

Este texto tem duas partes principais. A primeira é uma breve apresentação da *Lumen gentium* no contexto do Concílio Vaticano II, anunciado, convocado e inaugurado pelo Papa João XXIII, e concluído pelo Papa Paulo VI. A segunda destaca, na *Lumen gentium*, os elementos de transição de uma eclesiologia societária – que predominou na Igreja no segundo milênio – para uma eclesiologia comunional – própria da Igreja do primeiro milênio, sobretudo da Igreja Antiga. A primeira parte corresponde à palestra proferida no contexto do Ciclo de debates "Utopias do Vaticano II: Que sociedade queremos? Diálogos", promovido pela UMBRASIL, em Brasília. A segunda

---
* Antonio José de Almeida é bacharel, mestre e doutor em Teologia Sistemática pela Pontifícia Universidade Gregoriana (Roma). Presbítero da Diocese de Apucarana, PR. Professor de Teologia (graduação e pós-graduação) na Pontifícia Universidade Católica do Paraná, em Curitiba.

contém as perguntas dos participantes do evento e as respostas do conferencista.

1. Vaticano II: um concílio predominantemente eclesiológico

"Concílio ecumênico" é uma reunião dos bispos do mundo inteiro com o Papa para tratar de algum assunto importante para a vida e a missão da Igreja.

A Igreja Católica já celebrou 21 (vinte um) concílios ecumênicos. O primeiro foi em Niceia em 321 e o último foi em Roma, no Vaticano, entre 1962 e 1965.[1]

O Concílio Ecumênico Vaticano II – este é o seu nome completo e oficial – foi convocado pelo Papa João XXIII, que conhecia muito a história da Igreja, também a Igreja do Ocidente e do Oriente e, sobretudo, era um homem de Deus, simples, humano, bom. Era conhecido como "papa bom". Há quem ache que foi o melhor Papa que a Igreja Católica já teve.[2]

João XXIII teve a coragem de convocar o Concílio porque estava convencido de que era isso que o Espírito Santo queria. Era preciso dar uma parada. Era preciso sentar. Conversar. Discutir. Olhar para o mundo. Analisar a Igreja. Colocar a Igreja em diálogo com o mundo. Tirar a "poeira" que se assentara sobre a Igreja nos seus dois mil anos de história. Deixar entrar um "ar" novo que refrescasse, renovasse, revitalizasse. O Papa João XXIII chamava isso de *aggiornamento*. Colocar a Igreja em dia.

---

[1] ALBERIGO, G. *História dos concílios ecumênicos*. São Paulo: Paulus, 1997.

[2] "Todos os papas que o precederam e sucederam devem ser medidos pelo padrão que ele estabeleceu" (MCBRIEN, R. P., sj. *Os papas de Pedro a João Paulo II*. São Paulo: Loyola, 2000.

Em dia consigo mesma. Em dia com o Evangelho. Em dia com a história. Em dia com o mundo.

Mas qual foi o tema do Concílio? Nos concílios anteriores, o tema era claro, bem específico, bem determinado. No caso do Vaticano II, que pretendia "passar por cima" de tantas coisas que não tinham mais sentido ou não serviam mais, os temas eram dezenas e dezenas. Quando se abriu o Concílio, havia 70 (setenta) esquemas preparados anteriormente para serem discutidos. Mas não dava para ser assim. Era preciso concentrar as coisas, encontrar um eixo, senão se perderia tempo e não se chegaria a lugar nenhum.

Por isso, alguns cardeais propuseram (entre eles o futuro Papa Paulo VI) que o Concílio se concentrasse no tema "Igreja". A Igreja devia ser o assunto principal do Concílio. A Igreja em si mesma e a Igreja em sua missão no mundo. Os Padres Conciliares – este é o nome dos participantes de um Concílio – acataram essa ideia e assim se fez.[3]

A Igreja "em si mesma" é o assunto da constituição dogmática *Lumen gentium*. A Igreja "em sua missão no mundo" é o tema da constituição pastoral *Gaudium et spes*. Todos os outros documentos do Vaticano II giram em torno desses dois. O Concílio produziu ao todo 16 (dezesseis) documentos, que correspondem a um livro relativamente grande, rico de ensinamentos, ainda pouco estudado, infelizmente pouco conhecido.[4]

---

[3] Cf. ALBERIGO, G. *Breve história do Concílio Vaticano II*. Aparecida: Santuário, 2005.

[4] A edição dos documentos do Vaticano II, da editora Vozes, por exemplo, tem 744 páginas (cf. KLOPPENBURG, B.; VIER, F. [ed.]. *Compêndio do Vaticano II*: constituições, decretos, declarações. Petrópolis: Vozes, 1968[13]).

2. *Lumen gentium*: o principal documento eclesiológico do Vaticano II

A futura *Lumen gentium* foi discutida durante todo o tempo do Concílio. Foram 3 (três) anos de conversas, debates, estudos, discussões, redações, emendas, correções, votações... até dar no documento que temos hoje, aprovado por 2.134 votos "sim", 10 votos "não" e 1 (um) voto nulo.

O nome da constituição é *Lumen gentium*, que quer dizer "luz das gentes", "luz dos povos". Mas, atenção, *Lumen gentium* não é a Igreja. *Lumen gentium* é Cristo. Cristo é a luz dos povos, a luz que ilumina todo ser humano que vem a este mundo (cf. Jo 1,9). Ele que disse de si mesmo: "Eu sou a luz do mundo. Quem me segue não andará nas trevas, mas terá a luz da vida" (Jo 8,12). Mas – e agora vamos entender o porquê do nome da constituição sobre a Igreja – a luz de Cristo se reflete na Igreja, na face da Igreja (cf. Mt 5,14). Os Santos Padres – vários escritores cristãos dos primeiros sete séculos do cristianismo – diziam que Cristo é o Sol, e a Igreja é a Lua. O Sol tem luz própria, como Cristo; a Lua recebe sua luz do Sol, como a Igreja. A Igreja é, diziam esses santos pensadores, o "mistério da Lua". E será tanto mais ela mesma se estiver voltada e se deixar iluminar pelo Sol da Justiça, que é Cristo.

A *Lumen gentium* é um livro de oito pequenos capítulos. O primeiro é sobre "o mistério da Igreja". O segundo, sobre o "povo de Deus". O terceiro, sobre "a constituição hierárquica da Igreja e, em especial, o episcopado". O quarto capítulo é sobre os "leigos". O quinto, sobre a "vocação universal à santidade". O sexto, sobre os "religiosos". O sétimo sobre a "índole escatológica da Igreja".

E o último, sobre a "bem-aventurada Virgem Maria no mistério da Igreja".

Se você não entendeu algumas das palavras acima, não se preocupe. Os pais, muitas vezes, não entendem o que falam seus filhos adolescentes e não é por isso que não se entendem. Não se entendem por outros motivos. Bem mais sérios que as palavras.

O que é essencial nesse documento tão importante chamado *Lumen gentium*?

Vou destacar rapidamente três coisas. Só três. A primeira é o capítulo II. Foi o que mais chamou a atenção na época do Concílio. *A Igreja é apresentada como povo de Deus*. Era assim que Israel se considerava: povo de Deus. Este certamente foi o primeiro sentimento que os primeiros cristãos e cristãs tiveram a respeito de si mesmos: nós somos o povo de Deus. Somos tornados novos pela fé e pelo Batismo. Em Cristo, o Filho de Deus, somos filhos e filhas do Pai. Somos irmãos e irmãs entre nós. Somos fundamentalmente iguais, temos a mesma dignidade, os mesmos direitos fundamentais, a mesma missão, a mesma responsabilidade. É claro que também existem diferenças entre nós, mas essas diferenças – se são legítimas – vêm do mesmo Espírito e é para o bem de todos. Nesse sentido, alguns desempenham um ministério e outros, outros. Uns são bispos, outros diáconos, e assim por diante. Mas essas diferenças estão a serviço do todo e de todos. Papa, bispos, padres, diáconos são ministros, servos, servidores do povo cristão.

Outro ensinamento bonito da *Lumen gentium* é que *somos um povo profético, sacerdotal, real*. Porque estamos unidos, pela graça, a Jesus Cristo, que foi e é profeta, sacerdote e rei, formamos um povo profético, sacerdotal, real. Somos chamados a dar testemunho de Cristo, de sua mensagem, de sua palavra no mundo. Somos um povo profético! Nossa vida tem que ser oferecida, entregue, sacrificada pelo Pai e pelos irmãos para a vida de todos e a glória de Deus. Somos um povo sacerdotal! O Reino de Deus, que Jesus iniciou e anunciou, está em nossas mãos para que nós o invoquemos, para que nós o vivamos, para que nós o anunciemos, para que nós o construamos. Isso é missão de todos os cristãos e cristãs, não só do Papa, dos bispos, dos presbíteros, dos diáconos. Eles não podem delegar essa missão a nós. Ela já é nossa. Ela é diferenciadamente de todo o povo de Deus.

Uma última – mas não menos importante – contribuição da *Lumen gentium* foi a redescoberta de que *os que têm uma posição especial na Igreja a têm para servir*. Não é uma questão de santidade maior, embora os que estão à frente devessem ser também os primeiros a vir atrás de Jesus, seguindo-o como discípulos fiéis. Não é uma questão de dignidade, honra, poder, posição, classe, categoria. O Novo Testamento, de todas as palavras que tinha à disposição para enquadrar o grupo dos "funcionários" da Igreja, escolheu a palavra "diaconia", que quer dizer ministério, serviço. Foi assim que Jesus viveu: "Eis que estou no meio de vocês como aquele que serve" (Lc 22,27). Ou então: "O Filho do homem não veio para ser servido, mas para servir" (Mt 20,28) . É assim que todos nós devemos viver, na Igreja e em relação ao mundo. É assim que, sobretudo, os ministros e ministras da Igreja devem viver. Desde o Papa até o pároco de cada um de vocês, passando por todos os que assumem alguma função, responsabilidade ou tarefa na Igreja. "Vocês sabem

– disse Jesus – aqueles que se dizem governadores das nações têm poder sobre elas, e os seus dirigentes têm autoridade sobre elas. Mas, entre vocês, não deverá ser assim: quem de vocês quiser ser grande, deve tornar-se o servidor de vocês, e quem de vocês quiser ser o primeiro, deverá tornar-se o servo de todos. Porque o Filho do Homem não veio para ser servido. Ele veio para servir e para dar a sua vida como resgate em favor de muitos" (Mc 10,43; cf. Mt 20,26).

3. *Lumen gentium*: a transição de uma eclesiologia societária a uma eclesiologia comunional[5]

3.1 Qual é a importância do documento conciliar *Lumen gentium* dentro do Concílio Vaticano II e quais são os seus principais fundamentos?

O Vaticano II produziu 16 documentos. Não têm o mesmo peso e importância. Têm peso maior as quatro constituições, que são *Lumen gentium* (sobre a Igreja), *Gaudium et spes* (sobre a Igreja no mundo de hoje), *Dei Verbum* (sobre a revelação) e *Sacrosanctum Concilium* (sobre a liturgia). Acontece que o Vaticano II quis concentrar suas considerações em torno do tema "Igreja". Seguindo as indicações de Suenens e Montini, o Concílio trabalhou sobre a Igreja *ad intra* (em si mesma e em suas relações internas) e sobre a Igreja *ad extra* (em suas relações com o mundo). Daí a primazia de que gozam as duas constituições conciliares sobre a Igreja, a *Lumen gentium* e a *Gaudium et spes*. A *Lumen gentium* desfruta de uma relevância particular por ser o resultado de quase dois séculos de

---

[5] Cf. ALMEIDA, A. J. *Lumen gentium*: a transição necessária. São Paulo: Paulus, 2005.

uma busca séria, sofrida, coerente de renovação da Igreja e da reflexão sobre a Igreja, que é a eclesiologia. Seus fundamentos? Seus fundamentos são a Bíblia, o Novo Testamento, a melhor tradição da Igreja, principalmente a prática e a reflexão teológica dos primeiros séculos, que o movimento de renovação da teologia dos séculos XIX e XX se esforçou por resgatar. Uma nova imagem da Igreja só podia se impor se essa pretensão se firmasse numa concepção da Igreja que gozasse de uma autoridade indiscutivelmente mais elevada que a concepção que se pretendia superar. Essa imagem só podia ser a do Novo Testamento e da Patrística. O fundamento para o "salto para a frente" de João XXIII foi um mergulho nas origens, nas fontes, nos primeiros séculos do cristianismo.

3.2. O Concílio Vaticano II foi considerado o mais numeroso, o mais ecumênico e o mais prolífico de todos os Concílios. Muitos consideram, no entanto, que várias de suas decisões ainda não foram colocadas em prática. A que o senhor atribui isso?

Os tempos de um concílio são muito diferentes dos tempos de outras instâncias ou instituições eclesiásticas. Não se reúne um Concílio para qualquer coisa. A convocação de um Concílio normalmente supõe a existência de um desafio tão particular que a Igreja não teria condições de enfrentá-lo, sem grave prejuízo, pelos meios ordinários. Nos primeiros séculos da história da Igreja, essas questões foram a humanidade e a divindade de Jesus, sua estrutura humano-divina, o mistério da Trindade, a divindade do Espírito Santo... Estavam em jogo questões seriíssimas, de vida ou de morte para o cristianismo. Por isso, um Concílio não se esgota no seu tempo. Até hoje nos remetemos aos grandes Concílios do passado, retomamos suas decisões, para compreendê-las, aprofundá-las, e tentar dizê-las de forma compreensível e significativa para os nossos contemporâneos. Com o Vaticano II, não poderia ser diferente. Muita coisa já se assimilou. Muita coisa já deu vida a uma Igreja renovada. O caminho que temos pela frente, porém, é certamente maior do que o já percorrido. Sem nos esquecermos de que, lamentavelmente, não só há um conflito de interpretações, mas um conflito de posições, de eclesiologias, de projetos eclesiais, que atrasam – quando não atravancam – a caminhada querida por João XXIII e pelo Concílio.[6]

3.3. Uma das aquisições do Vaticano II foi a ideia da Igreja como povo de Deus, sua missão essencialmente pastoral e uma Igreja que caminha com os seres humanos, em busca do Reino. Foi possível avançar nesse sentido?

O que você coloca aí – a Igreja como povo de Deus, sua missão essencialmente pastoral, uma Igreja que caminha com os seres humanos, em busca do Reino – é tão denso e central que tem mais a ver com um horizonte do que com uma meta a curto, médio ou mesmo longo prazo. O horizonte está aí e ninguém o captura. Está fixo, mas é móvel. Quanto mais alguém dele se aproxima, mais ele se afasta. Mas o horizonte sempre fascina, atrai, move. E muita gente e muita coisa se moveram na direção apontada pelo Concílio, deixando outras tantas para trás. Nesse

---

[6] O Brasil, graças a um conjunto de condições favoráveis, fez uma ampla e criativa recepção do Concílio (cf. BEOZZO, J. O. A recepção do Vaticano II na Igreja do Brasil, em: < http://www.centromanuellarrain.cl/download/beozzo.pdf >.

sentido, penso que já se fez uma boa caminhada. Mas é preciso avançar muito mais, abrindo novos caminhos. Sobretudo, é preciso evitar retrocessos. Penso em um... Lembro-me do sínodo extraordinário sobre o Vaticano II, em 1985. A primeira etapa do Sínodo foi extremamente positiva. Foi quando se ouviram os relatos dos padres sinodais vindos de todas as partes do mundo. Na segunda, houve como que uma reviravolta, no caso, uma espécie de "antivirada copernicana". O Relatório final, aprovado ao término dos trabalhos, vai dizer que a noção eclesiológica mais importante do Concílio é a de comunhão, sem dúvida, muito importante, mas que, explicitamente, no Concílio, mal aparece. A noção de povo de Deus, por outro lado, tão determinante, no Concílio, aparece, no Relatório final do Sínodo, se não me engano, entre parênteses. Acolhida com entusiasmo no Concílio e do Concílio, passou por tantas transformações no chão da Igreja pós-conciliar, foi tão duramente criticada que acabou... entre parênteses. É uma pena. Apesar disso, avançamos. Parafraseando Galileu, "eppur si muove!" ("todavia, se move!").[7]

3.4. Hoje, a Igreja tem um rosto mais humano? É possível falar em uma Igreja mais evangelizadora e missionária?

Em certos setores e sob certos aspectos, sim. A Igreja aproximou-se mais do mundo moderno. O estranhamento, a distância, a incompreensão, certa arrogância diminuíram. Aumentou o compromisso com a justiça, a liberdade, a paz, a construção de um mundo mais humano. Ninguém teria a coragem, penso eu cá do meu canto,

---

[7] Cf. COMBLIN, J. *O povo de Deus*. São Paulo: Paulus, 20022.

de se opor, por exemplo, ao menos teoricamente, à opção preferencial pelos pobres e à libertação humana integral como compromissos da Igreja. A hierarquia tornou-se mais próxima, às vezes, mais simples, em muitos casos, mais humana e mais pobre. Mas ainda falta muito para a Igreja ser mais humana. Não deveria ser assim, mas, em certas situações, a humanidade da Igreja é inversamente simétrica à sua pretensa divindade. Um diálogo mais profundo com a modernidade, um respeito maior pela consciência individual, um diálogo mais adulto dentro da Igreja sobre questões em que há uma inegável fratura entre as posições da cúpula e a sensibilidade ou as convicções mesmo de extensíssimos segmentos de fiéis... À medida que a Igreja for capaz de mover-se nessa direção, corajosa, transparentemente, já estará evangelizando e abrindo espaços para a evangelização. Caso contrário, estará levantando entre Cristo e a humanidade um muro desnecessário e prejudicial para a causa de Deus no mundo, que é a causa do homem, pelo qual Jesus se encarnou, viveu e morreu.

3.5. Como o senhor percebe o esvaziamento da Igreja Católica, com a perda de fiéis. No Brasil, por exemplo, segundo a pesquisa do CERIS, o número dos que se declaram católicos caiu de 71% para 67%?

"Perda de fiéis" é um viés de se analisar o trânsito religioso, e algo muito relativo. Em primeiro lugar, relativo à situação interna da Igreja. Todos sabemos que a relação dos fiéis católicos com a Igreja Católica não é uma relação unívoca, homogênea, mas bastante diferenciada. A Igreja tem em seu seio desde pessoas que são mais católicas do que o Papa até pessoas que não acreditam, por exemplo – para ficar só num exemplo – na ressurreição ou só "participam" da missa quando o motivo não é a missa. Então, a "perda" tem que ser vista também em relação aos níveis e graus de pertença. Em segundo lugar, algo relativo à situação social e cultural em que a Igreja está e em que as pessoas vivem. Hoje em dia, a liberdade com que se criam novas denominações, a pluralidade de ofertas no mercado religioso, o proselitismo agressivo de certos grupos religiosos, somando-se, muitas vezes, às dificuldades que a Igreja Católica tem de estar presente, de adaptar-se, de descentralizar-se, de renovar-se, de atender às demandas (antigas e novas) da população, tudo isso cria uma situação no mínimo favorável ao trânsito religioso. Por último, mas sem nenhuma pretensão de estar respondendo cabalmente à sua pergunta, a situação dos indivíduos. Na cultura atual, os indivíduos são extremamente individualistas e livres. Não se pautam por valores comunitários ou liames tradicionais – de fato, em boa parte rompidos, para a maioria da população, em virtude das mudanças socioculturais e geográficas (migrações) –, mas pelo que lhes parece bom ou útil numa determinada circunstância. "Mudar de religião" não é mais vivido como uma crise existencial. A Igreja é que tem que se pôr em crise para ver seriamente o que ela precisa mudar!

3.6. Os leigos têm espaço nas decisões da Igreja hoje ou ainda estão distantes da vida da Igreja?

Muito menos do que tinham na Igreja antiga, quando, por exemplo, participavam na escolha de seus pastores: bispos e papas (o papa é papa por ser bispo de Roma!). Muito menos do que na Igreja antiga e na própria Idade

Média, quando ainda estão presentes nos Concílios, e não só para ouvir e, depois, divulgar o ouvido e deliberado. Também para opinar. É célebre o estudo do cardeal inglês Newman sobre o peso que os fiéis leigos e leigas tiveram na defesa da fé cristológica autêntica contra os arianos, que assolavam a Igreja, ganhando bispos e mais bispos para a heresia. Muito menos do que nos primórdios da Idade Moderna. Ainda leigo, Enea Silvio Piccolomini, futuro Papa Pio II (1405-1464), escreveu uma série de tratados sobre o Concílio de Basileia. O Concílio de Trento (1545-1563) usufruiu da contribuição de leigos qualificados: Angelo Massarelli, secretário do Concílio, foi leigo até 1557, quando se tornou bispo de Telese; foi igualmente leigo o conde Ludovico Nogarola, relator de algumas comissões teológicas e pregador eventual no Concílio. Alguns leigos foram convidados para o Concílio, mas declinaram o convite: o professor Federico Staphylus (1512-1563), grande apologeta do catolicismo, e o poeta, teólogo e gramático Marcantonio Flaminio (1498-1550). Mas certamente muito mais hoje do que nos tempos da Contrarreforma e nas décadas que se seguiram ao Concílio Vaticano I. Hoje os leigos participam ativamente e com ampla liberdade, gozam de um espaço bastante amplo de atuação, garantido inclusive canonicamente. O campo da decisão, porém, em termos institucionais, é muito limitado.

3.7. Algumas correntes defendem que seja convocado um novo Concílio. O senhor concorda ou acha que ainda falta muito que implementar do Concílio Vaticano II?

Não sei. Precisaria perguntar aos que fazem essa proposta. Eu só faço algumas perguntas. Acreditam que um Concílio, em si, só por ser Concílio, possa, não sei, fazer algum milagre? Pensam que os bispos atuais, uma vez reunidos em Concílio, apresentem as condições objetivas de fazer a Igreja prosseguir no espírito e na letra do Vaticano II e, desse modo, contribuir para sua implementação? Será que a convocação de um Concílio não tenha que ter algo de carismático como foi a do Vaticano II? Não conheço a fundo a história dos outros Concílios; por isso, falo do Vaticano II, que também não sei, mas... já ouvi falar. Será que o cardeal Martini ainda pensaria num Concílio para agora? Será que sínodos continentais, sínodos universais, conclave não têm nada a nos dizer a respeito? Um Concílio com uma pauta bem definida – sobre temas urgentes e de cunho, digamos, mais disciplinar (no sentido grande do termo) – talvez fosse viável. Não sei. Tomara que se torne possível![8]

3.8. A declaração *Nostra aetate*, o texto oficial a respeito do relacionamento entre a Igreja Católica e as religiões não cristãs, completou, em 28 de outubro, 47 anos. O senhor considera que, a partir desse documento histórico, foi possível avançar também nesse quesito ou ainda há muito que caminhar?

Certamente, fez avançar. Mas temos ainda muito a caminhar... com as outras religiões. A resposta é brevíssima, porque já estou cansado. E quem entende disso é o meu amigo, leigo teólogo de mão cheia, Faustino Luiz

---

[8] Cf. GÓMEZ DE SOUZA, L. A. *Do Vaticano II a um novo Concílio?* O olhar de um cristão leigo sobre a Igreja. São Paulo: Loyola/CERIS – Rede da Paz, 2004.

Couto Teixeira, o célebre Dudu.[9] Esse sim poderia ser convidado como perito para o próximo Concílio!

3.9. Quando eleito Papa, considerava-se que João XXIII não faria mais do que preparar o caminho da transição. Porém, fez muito mais do que isso. Quais são, na avaliação do senhor, as principais ações durante sua liderança à frente da Igreja Católica?

João XXIII foi realmente um Papa de transição. Inaugurou uma das maiores "transições" já sonhadas e absolutamente necessárias para a Igreja Católica. A transição de uma figura histórica de Igreja inadequada até para a Idade Média – que dirá para a Idade Moderna – e que precisava, com urgência e com toda a fé, renovar-se profundamente para poder sobreviver e ser significativa neste mundo novíssimo que está aí (e não parou de chegar), precisando tanto do evangelho de Jesus. João XXIII não pode ser medido por suas ações. João XXIII foi um símbolo. "Será que teremos, um dia, outro Papa como João XXIII?", perguntava-se Amoroso Lima logo após a morte do "Papa do Concílio". Em seu livro-testamento, *O Espírito Santo e a tradição de Jesus*, o iluminado Pe. José Comblin escrevia: "Assim como aconteceu em 1958, pode acontecer algo novo também neste século. Não há nenhum sinal de algo imprevisto neste momento. O que podemos saber

---

[9] Cf. TEIXEIRA, F. L. C. *Diálogo de pássaros*: nos caminhos do diálogo inter-religioso. São Paulo: Paulinas, 1993; idem. *Teologia das Religiões*: uma visão panorâmica. São Paulo: Paulinas, 1995; idem. *O diálogo inter-religioso como afirmação da vida*. São Paulo: Paulinas, 1997; idem. *Teologia e pluralismo religioso*. São Bernardo do Campo: Nhanduti Editora, 2012.

é o que está incluído na evolução das forças atualmente presentes".[10] Quem viver, verá.

Conclusão

O Vaticano II, como queria o Papa João XXIII, foi um novo Pentecostes para a Igreja. Cumpriu-se a profecia de Dibelius de que o século XX seria o século da Igreja,[11] ao menos na reflexão teológica e no ensinamento do magistério. A *Lumen gentium* foi uma de suas maiores expressões, em que pesem suas ambiguidades e soluções de compromisso, devidas, sobretudo, à busca da unanimidade, querida por Paulo VI, entre a maioria conciliar sintonizada com a renovação e a minoria empenhada em manter *o status quo*, tributário da longa estação da Cristandade.

A Igreja que saiu do Concílio é a mesma e não é mais a mesma. A sua autocompreensão, graças ao retorno às fontes bíblicas e patrísticas, é nova em relação à eclesiologia oficial do segundo milênio cristão, sobretudo a que prevaleceu no período pós-tridentino e, com características peculiares, depois do Vaticano I. Essa nova autocompreensão se patenteia, sobretudo, na apresentação da Igreja como mistério, povo de Deus, sacramento de unidade; na compreensão do ministério episcopal em termos de colegialidade e serviço; numa visão positiva do laicato, plenamente incorporado à Igreja e partícipe, graças aos sacramentos da iniciação e aos carismas do Espírito, dos múnus profético, sacerdotal e pastoral de Cristo; no resgate da índole escatológica da Igreja e, portanto, de sua

---

[10] COMBLIN, J. *O Espírito Santo e a tradição de Jesus*. São Bernardo do Campo: Nhanduti, 2012.

[11] Cf. DIBELIUS, F. K. O. *Das Jahrhundert der Kirche*. Geschichte, Betrachtung, Umschau und Ziele. Berlin: Furche-Verlag, 1927.

constante necessidade de adaptação, reforma e renovação; na compreensão de Maria não só como mãe de Cristo e, consequentemente, da Igreja, mas como discípula de seu Filho, mulher que faz uma caminhada de fé como todos os seres humanos, e que responde, livre e responsavelmente, em discernimento constante, aos apelos de Deus no dia a dia de sua vida.

O Concílio, porém, como dizia o Cardeal Martini, de Milão, falecido em 2012, "está sempre à nossa frente", provocando-nos, cobrando-nos, desafiando-nos. Muitos de seus ensinamentos já se tornaram vida na vida e na consciência da Igreja, mas temos muito ainda a caminhar para nos aproximarmos da Igreja dos sonhos de Deus, humilde, pobre, servidora, dialogal, testemunha do Reino num mundo que muda mais do que nunca sem saber para onde nem para quê.

Referências bibliográficas

ALBERIGO, G. *Breve história do Concílio Vaticano II*. Aparecida: Santuário, 2005. _____. *História dos concílios ecumênicos*. São Paulo: Paulus, 1997.

ALMEIDA, J. *Lumen Gentium*: a transição necessária. São Paulo: Paulus, 2005.

BEOZZO, J. O. *A recepção do Vaticano II na Igreja do Brasil*. Disponível em: < http://www.centromanuellarrain.cl/download/beozzo.pdf > .

COMBLIN, J. *O Espírito Santo e a tradição de Jesus*. São Bernardo do Campo: Nhanduti, 2012.

_____. *O povo de Deus*. São Paulo: Paulus, 2002.

DIBELIUS, F. K. O. *Das Jahrhundert der Kirche.* Geschichte, Betrachtung, Umschau und Ziele. Berlin: Furche-Verlag, 1927.

KLOPPENBURG, B.; VIER, F. (ed.). *Compêndio do Vaticano II*: constituições, decretos, declarações. Petrópolis: Vozes, 1968. p. 13.

MCBRIEN, P., SJ. *Os papas de Pedro a João Paulo II*. São Paulo: Loyola, 2000.

O Capítulo VIII da *Lumen Gentium*
Maria e a Igreja
Vaticano II hoje por um olhar mariano

Francisco das Chagas Costa Ribeiro[*]

Introdução

Há quarenta anos, no dia 8 de dezembro de 1965, na Praça diante desta Basílica de São Pedro, o Papa Paulo VI concluiu solenemente o Concílio Vaticano II. Ele tinha sido inaugurado, segundo a vontade de João XXIII, no dia 11 de outubro de 1962, então festa da Maternidade de Maria, e teve o seu encerramento no dia da Imaculada. "Uma moldura mariana circunda o Concílio. Na realidade, é muito mais do que uma moldura: é uma orientação de todo o seu caminho" (Bento XVI, 8 de dezembro de 2005).

---

[*] Francisco das Chagas Costa Ribeiro, fms, é bacharel e licenciado em Química, licenciado em Pedagogia com especialização em Administração Escolar, Supervisão Escolar e Orientação Educacional, e bacharel em Direito, especialista em Planejamento na Escola Moderna e em Marketing Empresarial; doutor em Teologia com especialização em Mariologia. Pertence ao Instituto dos Irmãos Marista e é membro associado da União Norte Brasileira de Educação e Cultura e da União Brasileira de Educação e Ensino – UBEE.

1. O Concílio Vaticano II (1962-1965)

Anúncio. Semana de oração pela unidade dos cristãos – 25 de janeiro de 1959 –, Basílica de São Paulo Fora dos Muros, João XXIII, eleito Papa em 28 de outubro de 1958, surpreendeu o mundo com o anúncio do Concílio Vaticano II. Estavam presentes dezoito cardeais.

Em sua primeira Encíclica *Ad Petri Cathedram* (29 de junho de 1958), deixa claro sua orientação ecumênica e missionária:

> Profundamente animados por essa suavíssima esperança, anunciamos publicamente o nosso propósito de convocar um Concílio Ecumênico, em que hão de participar os sagrados pastores do orbe católico para tratarem dos graves problemas da religião, principalmente para se conseguirem o incremento da fé católica e a saudável renovação dos costumes no povo cristão e para a disciplina eclesiástica se adaptar melhor às necessidades dos nossos tempos. Sem dúvida constituirá maravilhoso espetáculo de verdade, unidade, e caridade; espetáculo que, ao ser contemplado pelos que vivem separados desta Sé Apostólica, os convidará, como esperamos, a buscar e conseguir a unidade pela qual Cristo dirigiu ao Pai do Céu a sua fervorosa oração. (33)

Para a elaboração dos documentos o Concílio adotou os seguintes critérios:

- bíblico;
- antropológico (o valor da pessoa humana que na história da salvação é não só *objeto* de salvação, mas também *sujeito*);
- ecumênico;

- pastoral (uma teologia existencial e acessível a todo o povo de Deus).

2. Histórico

O capítulo mariano não é um documento conciliar à parte, tampouco um apêndice da Constituição *Lumen Gentium*. Esta não termina no capítulo VII sobre a Igreja Escatológica, nem a mariologia conciliar está à margem do tema Igreja como esta se apresenta no Vaticano II.

Uma e outra se complementam e se postulam na redação do texto conciliar tal como promulgado definitivamente.

Rápido olhar sobre o *"iter* do capítulo VIII da *Lumen Gentium"*.

2.1. Fase antipreparatória: junho 1959/novembro 1960

Anunciada a realização de um Concílio por João XXIII, em 25 de janeiro de 1959, na Basílica de São Paulo Extramuros, os trabalhos preparatórios tiveram início com a circular do cardeal Tardini – de 18 de junho do mesmo ano – dirigida aos cardeais, arcebispos, bispos, congregações romanas, superiores-gerais das famílias religiosas e, em 18 de julho, às universidades católicas e faculdades de teologia. A finalidade das cartas era pedir sugestões a respeito dos temas a serem tratados no Concílio.

Na primavera de 1960 concluiu-se essa fase preparatória com a publicação de 1.998 respostas que representavam 77% dos consultados.

Numerosos foram os pedidos para que se tratasse sobre a Virgem Maria – aproximadamente 600. Superior a

500, bispos e prelados solicitavam abordar o papel social de Maria e especialmente sua mediação.

2.2. Fase preparatória: novembro 1960/outubro 1962

A história do texto mariano teve início em 5 de junho de 1960 com a criação da Comissão Teológica preparatória, tendo à frente como presidente o Cardeal Alfredo Ottaviani, e como secretário o Pe. Sebastiano Tromp, sj, professor na Pontifícia Universidade Gregoriana.

Entre junho e 27 de outubro de 1960 foi redigido um esboço com 13 itens como plataforma do esquema *De Ecclesia*. O tema mariano é inserido num esboço que levava o título de "Questiones Particulares".

Foram constituídas várias subcomissões, auxiliadas por teólogos e especialistas. No âmbito dessas subcomissões, o argumento mariano é colocado no *De Ecclesia*.

A primeira redação do esquema mariano é de maio de 1961, a segunda, de junho, a terceira de julho, e as três trazem o título "De Maria, Matre Jesu et Matre Ecclesia". Há também uma quarta redação com o título "Maria Mater Corporis Mistici".

A quinta redação traz um novo título: "De Maria, Matre Capitis et Matre Membrorum Corporis Mystici".

Em março de 1962, a Comissão Teológica decide que o texto mariano se torne autônomo do *De Ecclesia* e com o título "De B. Virgine Maria Matre dei et Matre Hominum".

2.3. I Sessão: 11 outubro/8 dezembro 1962

O Cardeal Ottaviani solicita que o esquema sobre Maria seja tratado nessa sessão antes do *De Ecclesia*, porque, dada sua brevidade, poderia ser resolvido antes do encerramento da sessão, possibilitando sua proclamação na festa mariana de 8 de dezembro. A proposta foi recusada pelo Conselho da presidência.

No encerramento da sessão, os padres foram convidados a enviar suas observações sobre o esquema *De Ecclesia*, e também o mariano, e se pronunciar sobre a inclusão ou não do texto no *De Ecclesia*.

Em abril de 1963, o Papa João XXIII decide, mantendo o texto, mudar o título para "De Beata Virgine Matre Ecclesiae", e que fosse enviado aos Padres. Os Padres enviaram suas observações nessa intercessão.

2.4. II Sessão: 29 setembro/4 dezembro 1963

Considerável número de Padres Conciliares repropõe a inserção do esquema mariano no *De Ecclesia*, como estava no início da Comissão Preparatória. A proposta encontra um considerável grupo de Padres contrários à inserção.

Os primeiros defendem a conexão entre os dois temas por motivos ecumênicos. Também porque essa é a ótica moderna da Mariologia e pela lógica e doutrina entre os dois temas.

Para os segundos – contrários à inserção –, unir os dois temas seria diminuir o louvor da Virgem. Somente Maria é Mãe de Cristo e como tal deve ser considerada à parte. É membro singular e eminente do Corpo Místico e está como vértice da comunhão com Cristo.

Nessa sessão as discussões se intensificaram também fora da aula conciliar. No período de 24 a 28 de outubro multiplicaram-se as conferências, os diálogos, as publicações de folhas e opúsculos, defendendo uma ou outra posição.

No dia 29 de outubro de 1963, os Padres Conciliares foram convidados a se pronunciar sobre a inserção ou não do esquema mariano no *De Ecclesia*: "Agrada aos padres que o esquema da Virgem Mãe da Igreja se adapte para ser o 6º capítulo do Esquema *De Ecclesia*?" (*Placet Patribus ut Schema de Beata Virgine, Matre Ecclesiae Ita Aptetur ut Fiat Caput VI Schematis De Ecclesia?*)

Falar em capítulo VI, na data da votação, equivalia dizer último capítulo do Esquema *De Ecclesia*. Posteriormente, o último capítulo passou a ser o VIII capítulo.

Eis os resultados:
- Votantes 2.193.
- Maioria 1.097.
- Sim 1.114.
- Somente 17 votos a mais da maioria requerida.
- Não 1.074.
- 40 votos separam o sim do não.
- Nulos 5.

Observe-se: 40 votos de diferença, dos quais somente 17 foram de maioria requerida. Com esse resultado fica decidida a inclusão do esquema mariano no *De Ecclesia*.

A Comissão Doutrinal, nesse momento, integra 5 novos membros, dos quais 4 indicados pelos Padres conciliares e 1 de nomeação Pontifícia. Monsenhor Gerard Philips foi eleito secretário adjunto. Criou-se uma subcomissão formada pelos cardeais Santos e Konig e pelos bispos Théas e Doumith, com o encargo de examinar mais uma vez o esquema mariano, reestruturá-lo, tornando-o apto como capítulo do *De Ecclesia*, de tal modo que fosse aceito pela maioria. Os referidos Padres Conciliares, por sua vez, confiaram a elaboração do novo texto mariano a dois peritos: Pe. Balic' e Mons. Philips, representantes das duas correntes.

No dia 4 de dezembro de 1963, o Papa Paulo VI, *no discurso de encerramento dessa sessão*, apresentou três orientações a serem consideradas para solucionar a questão mariana que se apresentava dificílima, a fim de obter uma aprovação mais expressiva:

- integrar a doutrina sobre Maria no *De Ecclesia*;
- enunciar claramente sua singularidade e eminência dentro da Igreja; "o reconhecimento unânime e devotíssimo do lugar tão privilegiado que a Mãe de Deus ocupa na santa Igreja";
- determinar a missão de Maria em relação a Cristo e à Igreja. "Abaixo de Cristo tem o lugar mais alto, lugar que é ao mesmo tempo o mais próximo de nós."

Expressa no condicional, sem impor o desejo de que Maria venha a ser chamada Mãe de Igreja. "Sob o título de *Mater Ecclesiae* poderemos honrá-la, para glória sua e conforto nosso."

"Igualmente sobre a questão do esquema sobre a B. Virgem Maria, nós esperamos que esta assembleia tome a melhor solução: o reconhecimento unânime e devotíssimo do lugar tão privilegiado que a Mãe de Deus ocupa na santa Igreja, da qual sobretudo trata o presente Concílio: abaixo de Cristo tem o lugar mais alto, lugar que é ao mesmo tempo o mais próximo de nós. Sob o título de *Mater Ecclesiae*, poderemos honrá-la, para glória sua e conforto nosso" (Paulo VI, discurso de encerramento da

III Sessão). Na intersessão, entre 1963 e 1964, o Pe. Philips e o Pe. Balic' elaboraram o novo texto, tendo como base o que tinham até o momento, como também um texto do Pe. Balic'. O Pe. Philips elaborou novo texto que, após sofrer cinco redações sucessivas, com revisão da subcomissão, seguiu para a aprovação da Comissão Teológica. Depois de alguns retoques do Pe. Philips, em março de 1964, o esquema é incluso no *De Ecclesia*, e, no verão, enviado aos Padres Conciliares. As duas últimas redações do *De Beata* foram impressas uma ao lado da outra com o título que veio a tornar-se definitivo: *De Beata Maria Virgine Deipara in Mysterio Christi et Ecclesia*.

2.5. III Sessão: 16 setembro/21 novembro 1964

A Comissão Doutrinal apresenta a redação definitiva do Capítulo sobre a Virgem para discussão, para observações da assembleia conciliar e para aprovação definitiva. Numerosas foram as intervenções orais, e muitas as escritas que chegaram à Comissão Examinadora. Versavam sobre o texto em geral e outras sobre alguns pontos específicos do capítulo VIII.

Durante a 112ª Congregação Geral de 29 de outubro de 1964, Monsenhor Roy apresentava o capítulo VIII com as emendas feitas pela Comissão que teve como base as observações e intervenções, para a aprovação definitiva do texto, na esperança de sufrágio unânime sem pedidos de novas modificações.

Eis o resultado da votação:

Votantes	2.091
Placet (sim concordo)	1.559
Non placet (não concordo)	510
Iuxta modum (com modificações)	521
Nullo	1

Aprovado o capítulo, as modificações foram examinadas primeiro por uma pequena comissão presidida por Mons. Charne e composta com os Mons. Roy, Philips e o Pe. Balic'. Em seguida passou pelo crivo da Comissão doutrinal.

No dia 19 de novembro de 1964, os Padres Conciliares fizeram uma nova votação do texto contendo as modificações sugeridas. Resultado:

Votantes	2.120
Placet	2.096
Non placet	23
Nulli	1

No dia seguinte, uma nova votação, agora de todo o esquema *De Ecclesia*, obteve o seguinte resultado:

Votantes	2.145
Placet	2.134
Non placet	10
Nulli	1

Em 21 de novembro foi realizada a última votação de todo o esquema *De Ecclesia*, cujo resultado apresentou apenas cinco votos negativos.

No mesmo dia o Papa Paulo VI promulgou a Constituição Dogmática *Lumen Gentium* e no discurso de encerramento proclamou Maria *Mater Ecclesia* e fez a seguinte consideração sobre o VIII Capítulo da Constituição Dogmática *Lumen Gentium*:

> Este ano, a homenagem do nosso Concílio apresenta-se bem mais preciosa e significativa. Com a promulgação da atual Constituição, que tem como vértice e coroamento um capítulo inteiro dedicado a Nossa Senhora, justamente podemos afirmar que a presente sessão se conclui com um incomparável hino de louvor em honra de Maria.
>
> Com efeito, é a primeira vez – e dizê-lo enche-Nos a alma de profunda emoção – é a primeira vez que um Concílio Ecumênico apresenta síntese tão vasta da doutrina católica acerca do lugar que Maria Santíssima ocupa no mistério de Cristo e da Igreja.
>
> Isso corresponde ao fim que este Concílio se prefixou, de manifestar o rosto da santa Igreja, à qual está intimamente unida, e da qual, como notavelmente foi afirmado, é Ela *portio maxima, portio optima, portio praecipua, portio electissima.*
>
> Em verdade, a realidade da Igreja não se esgota na sua estrutura hierárquica, na sua liturgia, nos seus sacramentos, nas suas ordenações jurídicas. A sua íntima essência, a fonte primeira da sua eficácia santificadora, deve buscar-se na sua mística união com Cristo; união que não podemos pensar dissociada d'Aquela que é a Mãe do Verbo Encarnado, e que o próprio Jesus Cristo quis tão intimamente unida a Si para a nossa salvação. De modo que é na visão da Igreja que deve enquadrar-se a contemplação amorosa das maravilhas que Deus operou em sua santa Mãe. E o conhecimento da verdadeira doutrina católica sobre Maria constituirá sempre uma chave para a exata compreensão do mistério de Cristo e da Igreja.

Portanto, para a glória da Virgem e para nosso conforto, proclamamos Maria Santíssima "Mãe da Igreja", isto é, de todo o Povo de Deus, tanto dos fiéis como dos pastores, que lhe chamam Mãe amorosíssima; e queremos que com este título suavíssimo seja a Virgem doravante honrada e invocada por todo o povo cristão (Paulo VI. Encerramento da 3ª Sessão Concílio Vaticano II).

De fato, se a Igreja é o "sacramento" ou sinal eficaz que deve manifestar e comunicar o *Mistério de Cristo*, a integridade dele deve contemplar sua face mariana. O *aggiornamento* da Igreja sinaliza a fazer dela um sinal levantado diante dos povos, nas pessoas e estruturas (A Igreja como sacramento – LG 1,9,15,39 e 48; SC 5).

3. Síntese dos capítulos da *Lumen Gentium*

Uma breve síntese dos capítulos da LG deixa ver facilmente sua dinâmica "escatológica", direcionando para aquela que, sendo a "personificação" e a Mãe da Igreja, já atingiu a perfeição.

A Igreja, sendo fiel à Palavra de Deus, realiza sua renovação e se constitui num sinal claro e eficaz de Cristo. Maria já disse um "sim" pleno e é agora tipo da Igreja – *Eclesiae Typus* (LG 63).

3.1. A Igreja como Mistério de Comunhão *(Koinonía)*

Cap. I – O mistério da Igreja

Cap. II – O Povo de Deus

Essa é uma das características fundamentais para uma descrição da Igreja como *mistério*. A *comunhão com Deus* e a unidade de todo o gênero humano são para o Concílio o constituinte da *koinonía*: "A Igreja, em Cristo, é como que o sacramento, ou sinal, e o instrumento da íntima união com Deus e da unidade de todo o gênero humano" (LG 1).

Pela infusão e ação constante do Espírito Santo, a Igreja se torna Corpo de Cristo e Povo de Deus, intimamente unida a Cristo. Nele realiza a mais perfeita comunhão com Deus.

A Igreja também é instrumento e sinal da comunhão que deve instaurar-se na história entre os dispersos filhos de Deus e as diversas famílias dos povos.

É o Espírito Santo o princípio da comunhão e da unidade, para que haja uma só e verdadeira Igreja de Cristo (LG 1,4,49,50).

A Igreja vem apresentada como *íntima união* com o Verbo Encarnado e, pelo fato mesmo, com o Pai e o Espírito Santo.

Em Maria temos a mais perfeita *koinonía*. Ela é a Filha predileta do Pai, templo do Espírito Santo e Mãe do Filho de Deus (LG 53).

3.2. A Igreja como serviço (*Diaconía*)

Cap. III – Constituição hierárquica da Igreja e, em especial, o Episcopado

Cap. IV – Os Leigos

A Igreja é apresentada como um complexo de serviços exercidos, seja pela hierarquia, seja pelos leigos, cada um segundo o seu estado ou posição (função) que ocupa na Igreja, Povo de Deus.

MARIA é a mais perfeita DIACONÍA, uma vez que ninguém serviu a Cristo mais que ela (LG 61) para a salvação do mundo.

O seu ministério (ministra – cf. *Akátistos* 11), todo ele animado, movido pelo amor, é o tipo perfeito de todo e qualquer serviço na Igreja (cf. LG 65).

3.3. A Igreja como cristofania

Cap. V – Vocação universal à santidade na Igreja

Cap. VI – Os Religiosos

A *Igreja* vem apresentada como manifestação de Cristo, porque chamada à santidade que, de fato, mesmo que imperfeitamente, realiza.

Maria é a mais perfeita *cristofania,* porque com a sua vida de *fé, obediência e caridade* manifestou *Cristo* ao mundo mais do que qualquer outro membro da Igreja. Ela é "membro supereminente e absolutamente singular da Igreja" (LG 53).

3.4. A Igreja é por natureza escatológica

Cap. VII – Índole escatológica da Igreja peregrina e sua união com a Igreja celeste

A Igreja só será consumada na glória celeste (LG 48).

Maria, tendo já atingido a glória "em corpo e alma", é o *ícone escatológico da Igreja.*

Maria "é a imagem e primícias da Igreja que há de atingir a sua perfeição no século futuro" (LG 68).

Assim, compreendemos por que o Concílio, no final do tratado (do discurso) sobre a Igreja, quase como "vértice e coroamento", tenha apresentado a doutrina mariana atribuindo a Maria a significativa expressão de Santo Ambrósio: *Typus Ecclesiae.*

Tipo é mais forte que "modelo", "exemplar".

"*Typus*" inclui o conceito de personificação, isto é, de representação viva e concreta de uma realidade invisível.

4. Outra perspectiva

Pode-se também contemplar outra dinâmica:

Capítulo I

A Igreja é o "sacramento", o sinal (manifestação e comunicação) do mistério de Cristo. A dimensão trinitária, eclesial, esponsal e escatológica desse primeiro e fundamental capítulo pode ser um ponto de partida para a doutrina mariana do capítulo VIII.

Capítulo II

A Igreja, Povo de Deus ou propriedade esponsal de Cristo, dá sentido aos carismas particulares, ao sacerdócio e à perspectiva universal, missionária e ecumênica da Igreja. Sob essa perspectiva aparecem com mais clareza os temas Maria-Igreja, ecumenismo etc.

Capítulos III, IV e VI

Cada cristão (ministro, leigo, religioso) é sinal de Cristo segundo o carisma recebido com dimensão de unidade e comunhão. O tema é de suma importância para concretizar alguns aspectos de espiritualidade e vida eclesial-mariana.

Capítulo V

A santidade cristã apresenta-se numa linha em que a Igreja pela caridade seja um sinal claro de Cristo presente. Essa santidade é fidelidade à Palavra e disponibilidade como Maria.

A Igreja, santificando-se, tende a ser como *Maria, Virgem e Mãe*.

Capítulo VII

A Igreja é peregrina ou sinal escatológico que caminha para a restauração final. A essa, alguns já chegaram, em parte. Maria, segundo esse mesmo capítulo VII, já foi glorificada, porém continua atuando (atuante) na Igreja.

A dinâmica escatológica da Igreja direciona-se (olha, contempla Maria) a Maria, por ser ela sinal de vitória total de Cristo resuscitado.

Capítulo VIII

Maria, tendo atingido a restauração final, é sinal de esperança (*tipo e mãe*) para toda a Igreja.

5. A Virgem Maria Mãe de Deus nos Documentos Conciliares

Dos 16 documentos conciliares, *Maria* vem citada em 12.

5.1. Constituição Dogmática *Lumen Gentium* sobre a Igreja

Capítulo II – O Povo de Deus (15)

Referindo-se aos vínculos da Igreja com os cristãos não católicos: "Não poucos dentre eles possuem mesmo o Episcopado, celebram a Sagrada Eucaristia e cultivam a piedade para com a Virgem Mãe de Deus".

A frase refere-se aos orientais cuja devoção mariana se aponta como motivo de grande alegria e consolação no final do Capítulo VIII (69) e no Decreto sobre o Ecumenismo *Unitatis Redintegratio* (15).

Capítulo VI – Os Religiosos (46)

Afirma-se que os Conselhos Evangélicos "possibilitam ao homem cristão conformar-se melhor ao gênero de vida virginal e pobre que Cristo Senhor escolheu para Si e que Sua Virgem Mãe também abraçou".

É lamentável que o Decreto *Perfectae Caritatis* não tenha explorado essa ideia da exemplaridade especial que Maria está chamada a exercer sobre os Religiosos.

Capítulo VII – Índole escatológica da Igreja peregrinante e sua união com a Igreja celeste (50)

Ao abordar as relações da Igreja peregrina com a celeste, expressa duas coisas: "os Apóstolos e os mártires de Cristo..., juntamente com a Bem-Aventurada Virgem Maria e os santos Anjos, [a Igreja] venerou com especial afeto e implorou-lhes piedosamente o auxílio da intercessão"; e "é na celebração do sacrifício eucarístico que certamente nos unimos mais estreitamente ao culto da Igreja celeste, uma vez que a ela nos unimos, sobretudo, venerando a memória da gloriosa sempre Virgem Maria...".

Utilizando essa fórmula feliz do Cânon da Missa Romana, afirma-se o lugar preeminente de Maria na Comunhão dos santos (confrontar LG 69 e SC 103).

Capítulo VIII – A Bem-Aventurada Virgem Maria, Mãe de Deus, no Mistério de Cristo e da Igreja (Todo o capítulo: 52-69)

5.2. Constituição Dogmática *Dei Verbum* (8)

Faz-se aqui uma clara alusão a Maria mesmo sem mencioná-la expressamente. Falando sobre a Tradição que progride na Igreja, diz o texto: "Cresce, com efeito, a compreensão tanto das coisas como das palavras transmitidas, seja pela contemplação e estudo dos que creem, os quais as meditam em seu coração" (cf. Lc 2,19 e 51).

As palavras finais, com sua referência evangélica, apresentam a vivência contemplativa de Maria como *tipo e modelo* da amorosa reflexão com que a Igreja se aprofunda progressivamente no conhecimento e no saborear contemplativo da Palavra Divina (cf. LG 57 e 58).

5.3. Constituição *Sacrosanctum Concilium* sobre a Sagrada Liturgia (103)

Afirma-se, falando do Ciclo Litúrgico:

> Nesta celebração anual dos mistérios de Cristo, a Santa Igreja venera com especial amor a Bem-Aventurada Mãe de Deus Maria, que, por um vínculo indissolúvel, está unida à obra salvífica de seu Filho; nela admira e exalta o mais excelente fruto da Redenção e a contempla com alegria como puríssima imagem daquilo que ela mesma anseia e espera ser.

É a primeira vez que o Concílio expressa seu pensamento sobre Maria. E o faz com vigor e precisão, oferecendo como numa síntese substancial a doutrina que seria desenvolvida na Constituição Dogmática *Lumen Gentium* sobre a Igreja.

5.4. Constituição Pastoral *Gaudium et Spes* sobre a Igreja no mundo de hoje (22)

Ao expor a verdadeira humanidade do Filho de Deus, afirma: "Nascido da Virgem Maria, tornou-se verdadeiramente um de nós, semelhante a nós em tudo, exceto no pecado".

5.5. Decreto *Presbyterorum Ordinis* sobre o ministério e a vida dos presbíteros (18)

Falando da docilidade ao Espírito que hão de ter os sacerdotes no cumprimento de sua missão, afirma:

> Encontram sempre um admirável exemplo de tal docilidade na Bem-Aventurada Virgem Maria, que, levada pelo Espírito Santo, se consagrou toda ela ao mistério da Redenção dos homens. A ela, Mãe do Sumo e Eterno Sacerdote e Rainha dos Apóstolos, além de protetora de seu ministério, venerem e amem os Presbíteros com devoção filial e culto.

O texto faz referência à LG 65, ao apresentar Maria como o Modelo ideal da disponibilidade para colaborar com o plano salvífico.

5.6. Decreto *Optatam Totius* sobre a formação sacerdotal (8)

Falando da formação espiritual, convida os seminaristas a que "com filial confiança amem e venerem a Bem-Aventurada Virgem Maria que, como Mãe, foi dada ao discípulo por Jesus Cristo, enquanto agonizava na Cruz".

5.7. Decreto *Perfectae Caritatis* sobre a atualização dos religiosos (25)

Na Conclusão do Decreto, afirma:

> Assim, pela intercessão da dulcíssima Virgem Maria, Mãe de Deus, "cuja vida é norma para todos", cada dia mais progredirão e produzirão mais fecundos frutos de salvação.

5.8. Decreto *Apostolicam Actuositatem* sobre o apostolado dos leigos (4)

Modelo perfeito desta vida espiritual e apostólica é a Bem-Aventurada Virgem Maria, Rainha dos Apóstolos. Enquanto levou na terra vida igual à de todos, cheia de cuidados familiares e de trabalhos, estava sempre intimamente associada ao Filho, cooperando de modo absolutamente singular na obra do Salvador. Agora, porém, elevada ao céu, "com amor materno se empenha pelos irmãos de seu Filho que ainda peregrinam, expostos a perigos e angústias, até que sejam conduzidos à pátria feliz" (LG 62; cf. 65). A ela venerem todos com a maior devoção e entreguem a vida e o apostolado à sua maternal solicitude.

5.9. Decreto *Orientalium Ecclesiarum* sobre as Igrejas Orientais Católicas (30)

Por ora, contudo, todos os cristãos, Orientais e Ocidentais, são vivamente solicitados que dirijam fervorosas, assíduas e mesmo cotidianas preces a Deus para que, com o auxílio da Mãe Santíssima de Deus, todos sejam um.

5.10. Decreto *Ad Gentes* sobre a atividade missionária da Igreja (4 e 42)

Ao enunciar o sentido da missão do Espírito Santo para completar a obra de Cristo através da Igreja, afirma:

Como, pela descida do Espírito Santo sobre a Virgem Maria, fora concebido Cristo, e como, pelo mesmo Espírito descendo sobre Cristo em oração, Ele fora impelido à realização do ministério, assim em Pentecostes começaram os "Atos dos Apóstolos".

Nessa passagem, assim como em LG 59, compara-se o início da Igreja Apostólica com o evento da Encarnação – em ambos os mistérios há a decisiva intervenção do Espírito Santo. Em ambos também intervém Maria, embora o texto mencione o seu papel apenas na concepção do Verbo.

Na Conclusão (n. 42), os Padres do Concílio afirmam:

> Cônscios, porém, de que é Deus que faz Seu Reino chegar a esta terra, junto com todos os fiéis cristãos rezam, para que, pela intercessão da Virgem Maria, Rainha dos Apóstolos, sejam quanto antes as nações levadas ao conhecimento da verdade (1Tm 2,4), e a claridade de Deus, que resplandece na face de Cristo Jesus, pelo Espírito Santo, a todos ilumine" (2Cor 4,6).

5.11. Decreto *Unitatis Redintegratio* sobre o ecumenismo (14; 15; 20)

"Nem se deve subestimar o fato de que os dogmas fundamentais da fé cristã sobre a Trindade e o Verbo de Deus, encarnado da Virgem Maria, foram definidos em Concílios Ecumênicos celebrados no Oriente." (14)

"Neste culto litúrgico os Orientais engrandecem com belíssimos hinos a Maria sempre Virgem, que o Concílio Ecumênico de Éfeso solenemente proclamou Mãe Santíssima de Deus, para que se reconhecesse verdadeira e propriamente a Cristo como Filho de Deus e Filho do Homem, segundo as Escrituras." (15)

"Sabemos existirem não pequenas discrepâncias com respeito à doutrina da Igreja Católica, também sobre Cristo, Verbo de Deus encarnado, e sobre a obra da redenção e, por conseguinte, sobre o mistério e o ministério da Igreja e sobre a função de Maria na obra da salvação." (20)

5.12. Declaração *Nostra Aetate* sobre as relações da Igreja com as religiões não cristãs (3 e 4)

Quanto aos muçulmanos, a Igreja igualmente os vê com carinho, porque adoram a um único Deus... Não reconhecem Jesus como Deus; veneram-nO, no entanto, como profeta. Honram Maria, Sua mãe virginal, e até a invocam às vezes com devoção. (3)

Tem a Igreja sempre ante os olhos as palavras do Apóstolo Paulo a respeito de seus consanguíneos, "de quem é a adoção de filhos, a glória, a aliança, a legislação, o culto de Deus e as promessas; de quem os Patriarcas e de quem descende segundo a carne o Cristo" (Rm 9,4-5), Filho da Virgem Maria. (4)

Os cristãos, reconhecemos a função singular do povo israelita na preparação do desígnio salvífico de Deus.

O Messias nasceu de uma virgem israelita.

6. Documentos que não citam Maria

- *Inter Mirifica* sobre os meios de Comunicação Social;
- *Christus Dominus* sobre o *Múnus* Pastoral dos Bispos na Igreja;
- *Gravissimum Educationis* sobre a Educação Cristã;
- *Dignitatis Humanae* sobre a Liberdade Religiosa.

7. Destaque

Excetuando o Capítulo VIII da LG, algumas passagens merecem destaque por seu valor teológico.

7.1. Constituição *Sacrosanctum Concilium* sobre a Sagrada Liturgia (103)

Afirma-se, falando do Ciclo Litúrgico:

> Nesta celebração anual dos mistérios de Cristo, a Santa Igreja venera com especial amor a Bem-Aventurada Mãe de Deus Maria, que por um vínculo indissolúvel está unida à obra salvífica de seu Filho; nela admira e exalta o mais excelente fruto da Redenção e a contempla com alegria como puríssima imagem daquilo que ela mesma anseia e espera ser.

É a primeira vez que o Concílio expressa seu pensamento sobre Maria. E o faz com vigor e precisão, oferecendo como numa síntese substancial a doutrina que seria desenvolvida na Constituição Dogmática *Lumen Gentium* sobre a Igreja.

7.2. Decreto *Apostolicam Actuositatem* sobre o Apostolado dos Leigos (4)

> Modelo perfeito desta vida espiritual e apostólica é a Bem-Aventurada Virgem Maria, Rainha dos Apóstolos. Enquanto levou na terra vida igual a de todos, cheia de cuidados familiares e de trabalhos, estava sempre intimamente associada ao Filho, cooperando de modo absolutamente singular na obra do Salvador. Agora, porém, elevada ao céu, "com amor materno se empenha pelos irmãos de seu Filho que ainda peregrinam, expostos a perigos e angústias, até que sejam conduzidos à pátria feliz" (LG 62; cf. 65). A ela venerem todos *com a maior devoção e entreguem a vida e o apostolado à sua maternal solicitude.*

7.3. Decreto *Ad Gentes* sobre a atividade missionária da Igreja (4)

Ao enunciar o sentido da missão do Espírito Santo para completar a obra de Cristo por meio da Igreja, afirma:

> Como pela descida do Espírito Santo sobre a Virgem Maria fora concebido Cristo e como pelo mesmo Espírito descendo sobre Cristo em oração Ele fora impelido à realização do ministério, assim em Pentecostes começaram os Atos dos Apóstolos.

Nesta passagem, assim como em LG 59, compara-se o início da Igreja Apostólica com o evento da Encarnação – em ambos os mistérios há a decisiva intervenção o Espírito Santo. Em ambos também intervém Maria, embora o texto mencione o seu papel apenas na concepção do Verbo.

7.4. Decreto *Presbyterorum Ordinis* sobre o ministério e a vida dos presbíteros (18)

Falando da docilidade ao Espírito que hão de ter os sacerdotes no cumprimento de sua missão, afirma:

> Encontram sempre um admirável exemplo de tal docilidade na Bem-Aventurada Virgem Maria, que, levada pelo Espírito Santo, se consagrou toda ela ao mistério da Redenção dos homens. A ela, Mãe do Sumo e Eterno Sacerdote e Rainha dos Apóstolos, além de protetora de seu ministério, venerem e amem os Presbíteros com devoção filial e culto.

O texto faz referência à LG 65, ao apresentar Maria como o Modelo ideal da disponibilidade para colaborar com o plano salvífico.

8. Novidade

Da Declaração *Nostra Aetate* sobre as Relações da Igreja com as Religiões Não Cristãs, extraímos a seguinte passagem, pela sua novidade:

> Quanto aos muçulmanos, a Igreja igualmente os vê com carinho, porque adoram a um único Deus... Não reconhecem Jesus como Deus; veneram-nO, no entanto, como profeta. Honram Maria Sua mãe virginal e até a invocam às vezes com devoção. (3)

9. A título de conclusão

A proclamação do Ano da Fé, na ótica de Bento XVI, significa redescobrir os textos do Concílio Vaticano II que "não perdem o seu valor nem a sua beleza" e "Se o lermos e recebermos guiados por uma justa hermenêutica, o Concílio pode ser e tornar-se cada vez mais uma grande força para a renovação sempre necessária da Igreja" (PF 5).

Nossa contribuição é apenas uma provocação para que, debruçados sobre os textos conciliares, nos deixemos guiar por essa "justa hermenêutica" como caminho para a "nova evangelização".

No pós-Concílio, A Carta da Congregação para a Educação Católica sobre a Virgem Maria na formação intelectual e espiritual (1988) atribui ao Concílio várias relações entre Maria e Cristo: como *"fruto* mais excelente da redenção"; de *mãe*; de *serva* fiel; de *associada* ao Redentor; de *discípula* (cf. 7).

A dimensão de "discípula" é a novidade.

Caminhando com "a primeira discípula" e "Mãe" e ouvindo a advertência dos Padres Conciliares, a Igreja será *Lumen Gentium*, "Luz dos Povos":

> A Virgem, durante a vida, foi exemplo daquele afeto maternal de que devem estar animados todos quantos cooperam na missão apostólica da Igreja para a redenção dos homens (LG 65).

A Mãe da Igreja seja para todos "esperança segura" nessa meditação atualizada do Concílio Vaticano II ensinando o discipulado de Cristo.

Referências bibliográficas

BESUTTI, Giuseppe Maria, OSM. *Lo Schema Mariano Al Concilio Vaticano II*. Documentazione e note di cronaca. Roma: Edizioni "Marianum"/Libreria Desclée, 1966.

CONGREGAÇÃO PARA A EDUCAÇÃO CATÓLICA. A Virgem Maria na formação intelectual e espiritual. *L'Osservatore Romano*. Edição em língua portuguesa, 26/06/88.

DOCUMENTOS CONCILIARES – qualquer edição.

DU MANOIR, D' Hubert, sj. *Études Sur La Sainte Vierge*. Paris: Beauchesne et ses fils, 1964. v. 7.

HINO AKATISTOS.

LAURENTIN, René. *La Vierge Au Concile*. Présentation, texte du chapitre VIII de la Constitution Dogmatique "Lumen Gentium" consacré à La Sainte Vierge Marie, mère de Dieu dans le mystère de l'Eglise. Paris: P. Lethielleux, 1965.

LOPES, Geraldo. *Lumen Gentium*: texto e comentário. São Paulo: Paulinas, 2011. (Coleção Revisitar o Concílio).

De esperança em esperança

Fernando Altemeyer Junior*

Passados cinquenta anos do início do Concílio Vaticano II, a escolha do Papa Francisco e de seu projeto pastoral soou como um anúncio de primavera eclesial e um suave sopro do Espírito Santo em favor da humanidade peregrina, entre tristezas e alegrias, dores e esperanças.

Cabe lembrar que a convocação conciliar feita pelo Beato Papa João XXIII em janeiro de 1959 já apontava para cinco perspectivas inéditas, quando da reunião de todos os bispos do mundo entre 1962 e 1965 na cidade de Roma. Essas perspectivas norteariam o evento pentecostal que mudaria a Igreja toda em uma renovada missão. São elas:

a) *aggiornamento*;

b) diálogo com o mundo;

c) a mudança do paradigma de compreensão da própria autoconsciência da Igreja como Povo de Deus e corpo místico de Cristo;

---

* Fernando Altemeyer Junior possui graduação em Filosofia e Teologia, e mestrado e doutorado em Teologia. Atualmente é assistente doutor da Pontifícia Universidade Católica de São Paulo e pertence ao Departamento de Ciências da Religião (Faculdade de Ciências Sociais).

d) a dimensão pastoral e propositiva deste Concílio, e não mais condenações e anátemas;

e) a opção evangélica pelos pobres.

Não podemos esquecer também de quatro opções básicas que os 2.460 padres assumiram no evento que marcara o século XX e XXI. Os professores jesuítas da FAJE/ISI, de Belo Horizonte-MG, assim no-las recordaram no oportuno texto de maio de 2006, às vésperas do encontro da Assembleia latino-americana e caribenha de 2007, em Aparecida-SP:

> Nenhum evento eclesial do porte da Conferência de Aparecida tem direito de desconhecer as opções básicas do Concílio Vaticano II no sentido de linhas obrigatórias para a caminhada da Igreja no Continente. Sendo o Concílio uma mina fecunda e para não abraçar demais e assim enfraquecer a ação da Igreja, preferimos selecionar algumas poucas opções conciliares que julgamos importantes e obrigatórias. A Igreja só se entende a partir da atitude fundamental de Jesus. Movido pela paixão pelo Pai, Jesus anuncia e realiza, por meio de sua pessoa, pregações e ações, o Reino de Deus que consiste fundamentalmente no serviço ao mundo. "Pois o Filho do homem veio, não para ser servido, mas para servir e dar a vida em resgate pela multidão" (Mc 10,45). A Igreja não existe para si, mas para servir o mundo. No espírito jesuano, situam-se as opções do Concílio Vaticano II. São estas as quatro opções fundamentais: 1ª opção: Primado absoluto da Palavra de Deus; 2ª opção: Afirmação da base laical da Igreja: Igreja Povo de Deus; 3ª opção: Afirmação colegial da Igreja, e a 4ª opção: Nova relação da Igreja com o mundo.

Temas nevrálgicos

As palavras-chave que emergiram no Concílio foram: atualização, sinais dos tempos, diálogo, comunhão, participação, liberdade religiosa, liturgia, ecumenismo, Igreja Povo de Deus em marcha, retorno às fontes patrísticas, Igreja local, colegialidade episcopal, laicato adulto e missionário, e mistério pascal celebrado e vivido em comunidade.

De acordo com José Ferrari Marins, missionário e perito conciliar, dez questões se destacaram e continuam atuais em nossas Igrejas diocesanas:

1. A relação entre Tradição e Escritura (os métodos de interpretação histórica e os gêneros literários podem ser aplicados aos textos sagrados). A revelação como um amplo e contínuo processo de amor de Deus pela humanidade.
2. Liberdade de consciência em matéria religiosa.
3. Relação dos bispos com o papa (a questão do primado petrino e o exercício da colegialidade e da sinodalidade). O sacramento da Ordenação e a "consagración episcopal". A redescoberta do ministério ordenado dos diaconatos de homens casados.
4. O modelo de autoridade e a questão do modelo monárquico feudal. Bispos pastores em Igrejas de comunhão diante do passado principesco e verticalizado.
5. A separação entre a Igreja e o Estado (debate sobre a autonomia da Igreja e a questão da sociedade civil laica e republicana). Superação do modelo da sociedade perfeita em favor da Igreja-comunhão e toda ela ministerial.

6. A evolução dos dogmas e sua compreensão na história.
7. Concílio e as condenações teológico-pastorais. O estilo dos documentos conciliares e a ênfase dialogal.
8. Relação fraterna com o judaísmo e as religiões não cristãs.
9. Igreja Católica, Igrejas cristãs reformadas, Igreja ortodoxa, Igreja Anglicana, e as múltiplas comunidades e tradições religiosas.
10. Centro e periferia na Igreja Católica. As congregações romanas, a Cúria, o Estado do Vaticano e o serviço dos bispos e do Sínodo de bispos. A questão emergente da Igreja local.

A missão inédita da fé

O Ano da Fé em 2013 é um convite para enfrentar novos desafios para viver a fé em tempos modernos e hipermodernos. A proclamação de Deus como fundamento único de quem se diz cristão tem repercussões externas para o ato de crer. Deus deve ser dito, praticado e experimentado por aqueles que o professam e temem. Não faz mal crer em Deus. Faz muito bem amá-lo e proclamá-lo, e isso melhora as pessoas e a vida societária. É isso que insiste a tempo e contratempo o Santo Padre Bento XVI nestes últimos sete anos de pontificado. Ante o ateísmo e o pragmatismo secular, o Papa propõe um novo anúncio ardoroso da fé. Não mais imposições e verniz mal passado, mas convicção e alegria interior. A fé vivida como experiência pessoal e como vivência eclesial. Que não haja dicotomia entre profissão da fé e a confissão prática da fé. Assim disse a querida Madre Teresa de Calcutá: "As mãos que ajudam são mais sagradas do que os lábios que rezam". Uma sintonia fina entre o falar e o fazer: coerência. Essa é a primeira tarefa inédita da fé. Pouco espetáculo e muita fidelidade aos irmãos.

As questões econômicas mundiais vêm desafiando a vida cotidiana de muitos povos e nações. Em tempos de um neoliberalismo triunfante, muitos creem que a fé deveria situar-se exclusivamente às interioridades e deixar o público ao domínio do Mercado, ou do poder ou das forças do Estado. Afinal estes sabem o que dizem. Basta um olhar mais crítico para desmentir essa "profecia". A presença norte-americana em guerras por petróleo, a exploração da China de todas as matérias-primas da África, o sofrimento dos empobrecidos na rica Europa separada por muros e por governos de direita, demonstram outra realidade que desafia os cristãos. Querer suprimir o papel público do cristianismo é o novo rosto da ideologia. Chamam a isso de laicidade, mas é uma ditadura de grupos hegemônicos que busca suprimir as vozes dissonantes. A fé é certamente uma experiência interna e pessoal, mas também e legitimamente coletiva e comunitária; portanto, toca as bases da vida econômica. Essa é a segunda missão da fé. Tornar-se pública e fazer a diferença em favor dos pobres. Pouco culto ao mercado e mais partilha de bens.

Do ponto de vista político, novas formas de ação democrática pedem uma participação ativa dos cristãos na política e na sociedade civil. No passado recente a Igreja centrava toda a sua força nos partidos democrata-cristãos, mas hoje há uma convicção de que não será pela ideologia que faremos o nosso melhor, mas na cidadania ativa que apoie novos sujeitos e grupos sociais. Não há mais espaço para cristandades e as viciadas manipulações da elite, que se considera dona da Igreja e que sempre quer comprá-la com dinheiro, prestígio ou cargos. Hoje a democracia questiona a fé e o modo de ser da própria Igreja para que seja de comunhão e participação. Sabemos bem que a Igreja é sinodal e colegial e que o poder é serviço e amor. Isso exigirá uma opção profunda em favor de uma reforma ministerial. Essa é a terceira atitude da fé que converte a Igreja ao Evangelho e ao modo de agir de Jesus. Nenhum autoritarismo e muito diaconato.

A cultura e o modo de viver foram radicalmente alterados pelas novas tecnologias e pelo mundo da informação computacional e das redes sociais. Isso afeta aos jovens e às crianças em primeiro lugar, mas acaba mudando toda a maneira de ver o mundo. Existe um novo ambiente virtual, nem sempre belo e ético, mas certamente conectado com o futuro e produtor de novas relações humanas. É a hora da cibertecnologia. Será tempo da ciberfidelidade e da ciberteologia? Essa é a quarta missão da fé. Criar novas palavras para tempos novos, anunciando o eterno amor de Deus pela humanidade. Propor eternidade em tempo de fugacidades e liquefação de pessoas e sociedades. Parafraseando o Apóstolo Paulo: é preciso ser grego com os gregos, romano com os romanos, tuiteiro com os tuiteiros, artista com os artistas, irmão de todos, cuidador da natureza e defensor dos pobres.

Viver uma fé adulta é exigente. A fé exige ações firmes e inéditas. Ser missionário é agir com realismo e prudência, sem exageros e com um discernimento exercitado na prática diária e na vida de oração. Ser missionário é cumprir o papel de evangelizador e anunciador de valores, esperanças e alegrias que carrega em seu próprio coração e que faz verdade pelas mãos. A fé o faz testemunhar aquilo que crê. E cumprir a sua obrigação como um operário do diálogo.

A fé cristã exercita-se na prática da sabedoria e do discernimento. Isso faz do cristão uma pessoa atenta às novas conquistas da ciência e do pensamento literário, mesmo daqueles que não têm fé ou que a negam. O verdadeiro cristão luta com todas suas forças contra o sofrimento e tenta aliviá-lo com os recursos da ciência e da tecnologia disponíveis, sem ferir os preceitos éticos fundamentais. Quer ser humano plenamente e defender a vida, e toda vida, da concepção até a morte natural. Assim evita caminhos vazios e nocivos, e assume a missão inédita da fé que é falar de ressurreição repensando os conceitos e experimentando o milagre. Assumo a expressão do Padre Adolphé Gesché: "A fé hoje não é uma ilusão", como dizia Sigmund Freud, "e, sim, é uma alusão". Alusão a algo discreto, que revelará o âmago de nós mesmos, e nesse íntimo de cada um de nós, essa fé desvela Deus vivo e verdadeiro. Essa é a grande tarefa missionária para nosso tempo: viver a fé que desperte esse eco adormecido dentro da cada pessoa. Ouvir nosso ser profundo que fala de amor e quer ser amado. E dizer isso aos que sofrem e que têm negada a sua humanidade. Quem tem fé enxerga em cada pessoa uma revelação única do rosto de Cristo. Cada pessoa possui inscrita em seu coração o plano de Deus para ela e para os que a conhecem. Abrir esses "livros pessoais" e decifrá-los é hoje a imensa tarefa da Igreja, para poder celebrar as alegrias e as tristezas, os sofrimentos e as esperanças na mesa da Eucaristia. Como bem queria o nosso querido e inesquecível Papa Paulo VI, ao proclamar a Igreja como perita em humanidade!

As novidades da *Gaudium et Spes* (GS)

A Constituição Pastoral *Gaudium et Spes*, aprovada em 1965 como o documento derradeiro e mais promissor do Concílio, gestava algumas novidades da Igreja que se faz diálogo e caminheira com toda a humanidade. A primeira e fundamental é de que há uma transformação na própria autocompreensão da Igreja, que passa de uma Igreja distinta do povo e das pessoas comuns para uma Igreja conectada e a serviço da humanidade no meio do mundo, em favor da vida das pessoas, pregando a Boa-Notícia da paz e da esperança. Tais os primeiros três números introdutórios. Um verdadeiro programa de conversão para todos os católicos e ministros do Povo de Deus.

Um segundo fato alvissareiro foi a conversão da Igreja presa demasiadamente ao jurídico e ao moralismo para uma Igreja sensível aos novos sinais dos tempos e aos processos culturais no mundo. Uma Igreja da escuta e da misericórdia divinas (números 4 a 11).

O documento conciliar realiza também uma reflexão profunda e necessária da noção de pessoa, superando visões abstratas e assumindo a condição humana e as pessoas em seu contexto econômico, político e cultural. Falando e ouvindo as pessoas reais em ambientes reais e esperanças reais (números 12 a 18). Isso levou a refletir sobre os novos ateísmos, secularismos, agnosticismos em favor de um diálogo universal, e pensar em uma Igreja sem fronteiras (números 19 a 22).

Os Padres Conciliares, animados pelo Papa João XXIII e pela dupla de profetas que foram o cardeal Joseph Suenens, belga, e o arcebispo Dom Helder Pessoa Camara, puderam pensar a comunidade humana em favor da pessoa humana como critério fundante, e na responsabilidade social e na subsidiariedade como critério motor de uma sociedade democrática e justa (números 23-32). Assim se rompia a visão comum parada e inerte do mundo e da própria Igreja e se insistia no progresso humano conectado ao desígnio de Deus sobre o mundo, passando de uma visão reacionária e pessimista para uma visão otimista e de parceria com todas as pessoas de boa vontade, como já fora anunciado pela Encíclica *Pacem in Terris* em 1963 (números 33-39).

Outro salto importante no texto do Concílio foi a reflexão inovadora sobre o progresso humano, para fazer emergir uma Igreja empenhada na promoção humana e na construção do mundo, em que a Igreja aprende do mundo e o mundo pode aprender e crescer com a Igreja e seus missionários (números 40-45).

Ponto de destaque foram os números reservados à questão da família, do matrimônio e da educação da prole. Pensou-se na comunidade conjugal de vida e de amor, vendo nos casais os verdadeiros ministros do sacramento e atores da Igreja doméstica. Para esse capítulo foi fundamental a contribuição das 13 leigas mulheres presentes como auditoras das aulas conciliares e participantes dos grupos de estudos. São elas: a francesa Marie-Louise Monnet; a espanhola Pilar Bellosillo, presidente da União Mundial das Organizações Femininas Católicas; a australiana Rosemary Goldie, secretária executiva da Comissão Permanente dos Congressos Internacionais para o Apostolado dos Leigos; as holandesas Anne-Marie Roeloffzen, secretária-geral da Federação Mundial da Juventude Católica Feminina, e Maria (Rie) Vendrik; as italianas e viúvas de guerra Amalia DeMatteis, viúva de Cordero Lanza di Montezemolo, presidente do Patronato da Assistência Espiritual das Forças Armadas, e Ida Marenghi-Marenco, viúva de Grillo; Alda (Esmeralda) Miceli, presidente do Centro Italiano Feminino; a norte-americana Catherine McCarthy, presidente do Conselho Nacional das Mulheres Católicas; o casal mexicano Luz María Longoria e José Alvarez Icaza Manero, presidentes do Movimento da Família Cristã; a argentina Margherita Moyano Llerena, presidente da Federação Mundial da Juventude Católica Feminina; a uruguaia Gladys Parentelli, presidente do Movimento da Juventude Agrária Católica Feminina; a alemã Gertrud Ehrle, presidente da Federação Alemã das Mulheres Católicas; e, por fim, a baronesa tchecoslovaca Hedwig Von Skoda, presidente da Equipe Internacional de Renascimento Cristão. Podemos dizer que muito do que os bispos e o Papa aprovaram nessa Constituição Pastoral nasceu da experiência familiar e do saber ilustre dessas mulheres (números 47-52).

Assim, o documento reflete uma Igreja que saia do gueto de mais de 250 anos de fechamento e de retórica ensimesmada para viver e projetar, ainda que tateando e balbuciando, uma Igreja aberta e plural como nos primeiros tempos apostólicos (números 53-62).

A Igreja se faz perita em humanidade e apresenta seu juízo ético sobre os temas do mundo econômico, propondo a justiça equitativa e a solidariedade internacional entre os povos como caminho da paz verdadeira (números 63-66).

Encerrando o documento, temos alguns parágrafos importantes refletindo sobre a concepção cristã do trabalho, a primazia do trabalhador e o ensino social da Igreja como possibilidade de presença nas questões do Estado, da propriedade dos meios de produção e do modo de organizar a vida social e cidadã, onde não há receitas, mas valores evangélicos a serem cultivados e guardados zelosamente (números 67-72).

O sal e a identidade cristã a partir da GS

Depois da *Gaudium et Spes*, muito se escreveu sobre a nova identidade cristã como alegria e esperança. Qual seria o testemunho que queremos dar de maneira suave e clara? Como animar os povos empobrecidos e esmagados pelos novos imperialismos? Não poderia ser mais pela imposição autoritária e vertical como no passado, sem resultados nem eficácia, nem pelo comodismo e a inércia do presente. As novas gerações pós-conciliares compreenderam que o caminho é da fé proposta e de uma identidade assumida como sal. Esse foi o pedido de Jesus, proclamado logo depois das bem-aventuranças, para todos aqueles e aquelas que quisessem ser porta-vozes do Evangelho: "Vós sois o sal para a humanidade; mas, se o sal perde o gosto, deixa de ser sal e não serve para mais nada. É jogado fora e pisado pelas pessoas que passam" (Mt 5,13).

Que sal é esse de que necessitamos tanto em nossos dias? Que "cloreto de sódio mesclado com iodato de potássio" precisamos para salgar e conservar nossas vidas diante da corrosão de valores e de identidades verdadeiras? Certamente um sal que não torne os cristãos insossos e insípidos. E obviamente, se salgados ao extremo, poderemos esterilizar terrenos, culturas e futuros, tal como o faziam os romanos depois de dominar uma cidade, salgando a terra em demasia para destruí-la. Nossa missão cristã, ao contrário da prática autoritária e destrutiva dos impérios, é a de servir a Deus e iluminar o mundo na busca da paz. Nós, cristãos, cremos que "a Palavra de Deus convida o homem à fé. Ato original, a fé está também em profunda consonância com o dinamismo humano. Nela, o crente tem uma luz radical, com a qual interpreta o sentido profundo de sua existência" (CELAM, Documento de Buga, Missão da Universidade católica na América Latina, 18/02/1967, p. 14).

Uma pitada a cada dia

Necessitamos de sal bom na medida certa. Necessitamos hoje de sal iodado para impedir novas doenças endêmicas e a "queda de pressão e tonturas" em nossas comunidades. Uma dose diária pequenina e suficiente para viver bem e saudável. Bastam 6 a 8 gramas por dia, duas pitadas, para manter o equilíbrio do corpo, isto é, para o balanço ideal dos nutrientes em cada uma das bilhões de células do organismo. O cristão se transforma em sal quando ele mesmo vive sua fé pessoal de forma integral. É alguém que crê no que professa. E confessa o que crê. Essa virtude purificadora do sal começa pelo próprio cristão antes que ele fale, julgue ou comente o que outros fazem ou dizem. Não há identidade sem inserção na história humana. Não pode um cristão viver segregado ou isolado. Identidade é um processo de salgar toda a vida pessoal e comunitária. Perder-se para salvar a vida.

Assim o cristão que é sal se oferece como um condimento essencial e fisiologicamente necessário para a vida de seus amigos e companheiros de jornada. O cristão deve assumir, sem arrogância, uma vida sábia para que pelo Batismo possa consagrá-lo como um agente catalisador de comunhão e de gosto na vida social e comunitária. Tal como o sal é a reação de um ácido com uma base, o cristão deve agir de forma a realizar o equilíbrio entre as pessoas e "cristalizar" uma vida duradoura e estável, em que não aconteçam o amargor e a amargura de situações sem horizonte, criando desespero e depressão. E ao mergulhar no mar da vida, dissolvem-se para atingir o coração e a vida de todos. Atingem cada molécula de forma atômica e profunda, e, embora não sejamos capazes de ver, podemos saborear e degustar. Transformam-se em alma do mundo, metidos tão densamente no mundo sem ser do mundo. É um paradoxo incrível, mas fundamental para realizar o Evangelho de Cristo no mundo e para a vida, e não fuga do mundo.

Sem separar-se nem perder sua identidade, a oferecem para fecundar e tornar incorruptível tudo o que tenderia à morte e ao fracasso. Lembremos que, para os povos semitas, consumir juntos pão e sal significa selar uma amizade indestrutível. Esse é o papel atual que se pede aos cristãos na vida civil, social e política de nossas cidades e países.

Cidadãos e estrangeiros

Assim lemos, nesta joia da literatura cristã da Igreja primitiva, a Carta a Diogneto, escrita provavelmente por Quadrato para Adriano, por volta do ano 120 da era cristã na cidade de Atenas. Nela se define qual a identidade do cristão, nestes termos:

> Os cristãos, de fato, não se distinguem dos outros homens, nem por sua terra, nem por sua língua ou costumes. Com efeito, não moram em cidades próprias, nem falam língua estranha, nem têm algum modo especial de viver. Sua doutrina não foi inventada por eles, graças ao talento e especulação de homens curiosos, nem professam, como

outros, algum ensinamento humano. Pelo contrário, vivendo em cidades gregas e bárbaras, conforme a sorte de cada um, e adaptando-se aos costumes do lugar quanto à roupa, ao alimento e ao resto, testemunham um modo de vida social admirável e, sem dúvida, paradoxal. Vivem na sua pátria, mas como forasteiros; participam de tudo cristãos e suportam tudo como estrangeiros. Toda pátria estrangeira é pátria deles, e cada pátria é estrangeira. Casam-se como todos e geram filhos, mas não abandonam os recém-nascidos. Põem a mesa em comum, mas não o leito; estão na carne, mas não vivem segundo a carne; moram na terra, mas têm sua cidadania no céu; obedecem às leis estabelecidas, mas com sua vida ultrapassam as leis; amam a todos e são perseguidos por todos; são desconhecidos e, apesar disso, condenados; são mortos e, desse modo, lhes é dada a vida; são pobres, e enriquecem a muitos; carecem de tudo, e têm abundancia de tudo; são desprezados e, no desprezo, tornam-se glorificados; são amaldiçoados e, depois, proclamados justos; são injuriados, e bendizem; são maltratados, e honram; fazem o bem, e são punidos como malfeitores; são condenados, e se alegram como se recebessem a vida (Padres apologistas, *Carta a Diogneto*. São Paulo: Paulus, 1995. n. 5, p. 22-23).

Viver uma fé adulta é algo exigente. Sabemos por experiência e revelação que Deus e a humanidade estão ligados entre si. Como diz Jean Delumeau: "Se se mata o primeiro, o segundo está votado à mesma sorte, por falta de quem o defenda. Ao menos para os cristãos, Deus se fez – através da Encarnação – solidário ao homem, e o homem se tornou sagrado: promoção que confere a seu beneficiário um estado de dignidade singular" (*As razões da minha fé*. São Paulo: Loyola, 1991. p. 28s).

O sal do cristão deve ser o catalisador que une o humano ao divino pela experiência pessoal da fé e pela celebração comunitária da Palavra e da Eucaristia. E assim como se extrai o sal da água marinha pela evaporação, podemos fazer emergir o melhor da humanidade pela imersão do cristão na vida cultural de seu povo. Esse empenho pessoal de viver mergulhado entre os seus para dar sabor à vida é um elemento essencial da identidade cristã. Mergulhar para salgar. Misturar para transformar o todo. E assim uma pitada dá sabor a toda uma panela, tal qual a mãe faz a comida para seus filhos. "Crer, para um cristão, significa ter empenhado sua existência sobre a fé em Deus. Seu comportamento é dirigido a um tempo pelos laços com a sociedade em que vive e pelos laços com Cristo. Sabe que Jesus se solidarizou com cada um dos homens e que o que realiza com os mais humildes é com o próprio Jesus que o faz. Esse amor a outrem é a garantia do amor que o cristão tem a Deus: 'O que não ama a seu irmão que vê, como é que vai amar a Deus a quem não vê?", diz São João. Ele chega até ao perdão das ofensas e à benevolência para com os inimigos: "Se perdoais aos homens as suas ofensas, vosso Pai celeste também vos perdoará, mas se não perdoais aos homens, vosso Pai também vos não perdoará vossas faltas", especificou Jesus no Evangelho (*A esperança que está em nós*: secretariado para os não cristãos. Petrópolis: Vozes, 1969. n. 33, p. 68s).

Alegres por dentro e por fora

Essa ação do cristão se faz com realismo e prudência, sem exageros e com um discernimento exercitado na prática diária e na vida de oração. O cristão sabe que o Espírito de Deus age e pela graça transforma cada pessoa, pois ele, como seguidor de Jesus, já experimentou essa transformação. Por isso crê e vive de modo distinto.

Com relação a si mesmo, o cristão se comporta com realismo, é humilde e sóbrio; humilde porque sabe os limites e a fraqueza do homem: tudo lhe foi dado gratuitamente por Deus, recorre a Ele continuamente por causas de suas insuficiências e faltas, para lhe pedir força e perdão; sóbrio, isto é, senhor de seu corpo, de sua sensibilidade e sensualidade, pois sabe que está latente nele a desordem e é tentado a gozar descontroladamente dos bens do mundo. Está, portanto, vigilante para se tornar na medida do possível homem perfeito, a exemplo de Cristo. Luta contra a cupidez e a inveja, ainda que interiores, pratica abstinências e com jejuns se obriga à generosidade, a fim de ser mais dócil ao impulso interior do Espírito Santo, a uma vida de oração e amor (n 34).

O cristão sabe que deve cumprir um papel de evangelizador e anunciador de valores, esperanças e alegrias que carrega em seu coração. Tem o dever de testemunhar aquilo que crê. E deve cumprir essa obrigação de sua identidade como um operário do diálogo. Precisamos ser cristãos e viver a fé de forma espontânea e transparente. Isso requer uma mentalidade aberta e suave. Não podemos cair na tentação de uniformizar, de enquadrar aquilo que Deus quis diverso e complementar. Cada pessoa deve nos revelar Cristo. Cada pessoa possui inscrito em seu coração o plano de Deus para ela e para os que a conhecem. Procura ser justo e honesto, na vida pública e no mundo privado. Procura não ser incoerente nem esquizofrênico.

Como homem privado, é honesto até nos mínimos detalhes. É fiel às sagradas leis da família, honrando os pais, respeitando o cônjuge como seu igual, e educando os filhos a quem tem o dever de fazer homens livres; cidadão, cumpre seus deveres sociais, "dando a César o que é de César", conforme a ordem de Cristo. Foge da violência e trabalha em harmonia com todos; respeita o direito alheio, particularmente o da liberdade de consciência (n. 35).

O sal do cristão precisa ser sal de sabedoria. Assim se torna sal da terra e salário para a vida de cada dia de todos os que fazem um mundo mais humano e mais justo.

"O cristão não é ocioso." Dizia São Paulo: "Aquele que não trabalha não coma". O cristão reconhece no trabalho a colaboração do homem com Deus, o meio de se realizar e ser útil à comunidade humana. Dedicando-se a ele, responde pessoalmente à vontade divina sobre a criação. Capacidade e integridade profissionais constituem, portanto, para ele preliminares a qualquer outra busca de perfeição (n. 36).

De esperança em esperança

O sal do cristão pede que participe das alegrias e tristezas, angústias e esperanças de seu povo.

O cristão não é um isolado no meio dos homens, mas como o sarmento duma vinha ou o membro dum corpo. Sabe que está integrado na Igreja, comunidade viva dos cristãos, e associa-se publicamente à sua vida. Participa de suas festas, tempos fortes de alegria ou de penitência, para dar testemunho da fé e exprimir a solidariedade para com os irmãos. Em particular toma parte na celebração eucarística – dever de participar da missa – em que se une espiritualmente ao sacrifício de Cristo com toda a comunidade, tendo feito as pazes com todos (n. 37).

O sal do cristão é proativo e consistente.

Perdão e paz não querem dizer inércia, pelo contrário, conhece o dever de ser promotor da justiça social, da paz e liberdade, pois a humanidade deve aperfeiçoar-se e crescer até atingir sua dimensão perfeita conhecida por Deus.

Numa sociedade obscurecida pela injustiça e a hipocrisia, ele opõe-se a toda forma de exploração, de vexame e de preconceito, empenhando a própria pessoa na promoção do próximo. Trabalhar pela promoção humana é para o cristão um fim que tem seu valor intrínseco e persegue de acordo com muitos outros homens de crenças diferentes. Mas não pode ele contentar-se com esse esforço de humanização, pois é membro da Igreja, cuja missão é anunciar a todos os homens que Deus os ama e lhes enviou seu Filho Jesus Cristo para fazê-los conhecer seu amor (n. 38).

Podemos dizer que o cristão é e deve ser sincero, leal. Uma pessoa de gestos generosos de amor e bondade. Alguém que procura viver a serenidade e paz interiores, que procedem da vida mística e de um contato direto com Deus. O verdadeiro cristão luta com todas suas forças contra o sofrimento e tenta aliviá-lo com os recursos da ciência e da tecnologia disponíveis sem ferir os preceitos éticos fundamentais. Quer ser humano plenamente e defender a vida e toda vida da concepção até a morte natural. E evitar caminhos vazios e nocivos. E chamar de ciência somente aqueles "conhecimentos que geram, nutrem, defendem e fortalecem a fé soberanamente salutar, a qual conduz o homem à verdadeira felicidade" (Santo Agostinho. *A Trindade*. São Paulo: Paulus, 1994. p. 439, livro XIV, 1,3,). Esse ato de inteligência pessoal converte-se em ato de fé, com sabor de Deus, para a plena liberdade expressa na verdade. Como diz o cardeal arcebispo emérito de São Paulo, em seu brasão episcopal: "Ex spe in spem" (De esperança em esperança). Este foi seu programa pastoral logo que foi sagrado bispo em 1966. Este é ainda o programa de futuro de uma Igreja viva e evangélica. Viver de e na esperança. Sempre!

A Constituição *Dei Verbum* do Concílio Vaticano II
Olhando para trás para avançar melhor

*Johan Konings**

1. O Concílio Vaticano II

Os textos do Concílio Vaticano II foram concebidos num contexto específico: o início do fim do tempo chamado "moderno". O início do fim da Modernidade foi, a meu ver, a II Guerra Mundial. Atrocidades incríveis, Auschwitz e Hiroshima, mostraram que a pretensa racionalidade dos tempos modernos não teve o êxito prometido. Depois do fim da guerra, em 1945, passaram-se quinze anos de forçosa reconstrução da Europa e do mundo dominado pelo Ocidente, mas não era mais o mundo de antes. Por volta de 1960, o Papa João XXIII, que tinha experiência diplomática e pastoral, percebeu os novos sinais dos tempos. Percebeu o declínio da hegemonia autossuficiente do Ocidente, pela emancipação das colônias da África e da

---

* Johan Konings é doutor em Teologia e Licenciado em Filologia Bíblica. Professor Emérito de Teologia Bíblica na FAJE – Faculdade Jesuíta de Filosofia e Teologia, em Belo Horizonte, Colaborador da tradução da Bíblia da CNBB, Coordenador da tradução Compêndio das declarações do Magistério católico de "Denzinger- Hünermann".

Ásia, bem como das pseudocolônias que ainda existiam na América Latina e no Caribe: Nicarágua, Cuba... Percebeu o contraste entre o enorme progresso tecnológico e as gritantes injustiças. Percebeu, sobretudo, uma Igreja Católica fechada em si, carente de abrir portas e janelas. Por tudo isso, João XXIII pediu atenção para "os sinais do tempo" e convocou um Concílio que se queria pastoral.

Na ótica tradicional, cabia à Igreja iluminar o mundo pela Revelação a ela confiada, sobretudo mediante o Papa e o Magistério. O Concílio devia, pois, em primeiro lugar, contemplar e formular sua missão de transmitir ao mundo a divina Revelação. Mas aí se deu um curto-circuito. Quase dois terços dos bispos perceberam que o esquema que fora preparado não ia dizer nada ao mundo de hoje. Por isso, o próprio Papa retirou o esquema original e mandou preparar outro, que se tornou o último a ser votado, três anos mais tarde! É a constituição Dogmática *Dei Verbum* (DV). Nesta, a Revelação não é apresentada como uma eterna verdade conceitual sobre a qual a Igreja deve "pontificar", mas como a Palavra de Deus encarnada na vida humana de Jesus de Nazaré e anunciada ao mundo de hoje pela Tradição viva que ela suscitou na Igreja. Jesus é a "Luz das Nações", diz a Constituição sobre a Igreja, *Lumen Gentium*, e a Igreja é chamada a deixar brilhar essa luz para o mundo. Essa é perspectiva que domina também o texto, finalmente aceito e promulgado, sobre a divina Revelação, a *Dei Verbum*.

2. A Palavra de Deus: *Dei Verbum*

A Revelação tinha sido o tema da Constituição Dogmática *Dei Filius* do Concílio Vaticano I (1870). Esse documento começava com o Deus Criador, que, em seu Filho

Jesus, dá a conhecer a verdade, na revelação contida nos livros e nas tradições não escritas que, recebidas pelos apóstolos da boca do próprio Cristo ou transmitidas como que de mão em mão pelos próprios Apóstolos sob o ditado do Espírito Santo, chegaram até nós (D-H 3006).[1]

Sem contradizer isso, a *Dei Verbum* apresenta a Revelação como *ato de autocomunicação* de Deus em seu Filho Jesus Cristo, Palavra de Deus encarnada. Começa pelas primeiras frases da 1ª Carta de João: "Anunciamos-vos a vida eterna, que estava junto do Pai e se nos manifestou..." (DV 1; D-H 4201; cf. 1Jo 1,1-2). Jesus não veio para expor verdades, mas para *ser* a verdade de Deus, visível aos nossos olhos. A Palavra de Deus *é* Jesus.

O texto se organiza em seis capítulos.

I. A Revelação como tal

A Revelação é entendida como automanifestação e autocomunicação de Deus em Jesus Cristo. Jesus não é um entregador de fórmulas reveladas; ele se entrega a si mesmo como encarnação do amor divino.

> Aprouve a Deus, em sua bondade e sabedoria, revelar a si próprio e tornar conhecido o mistério de sua vontade, pelo qual os homens, por Cristo, Verbo feito carne, no Espírito Santo têm acesso ao Pai e se tornam partícipes da natureza divina. Mediante essa revelação, portanto, o Deus invisível, levado por seu grande amor, fala aos homens como a amigos e entretém-se com eles para convidá-los e recebê-los em sua comunhão. Essa economia da revelação se concretiza através de acontecimentos e palavras intrinsecamente conexos, de sorte que as obras

---

[1] A frase é uma citação da doutrina das "duas fontes" da Revelação, do Concílio de Trento (cf. DENZINGER-HÜNERMANN [D-H] 1501).

realizadas por Deus na história da salvação manifestam e corroboram os ensinamentos e as realidades significadas pelas palavras, que, por sua vez, proclamam as obras e elucidam o mistério nelas contido. No entanto, o conteúdo íntimo da verdade [aberta] por essa revelação a respeito de Deus e da salvação do homem se manifesta a nós em Cristo, que é ao mesmo tempo mediador e plenitude de toda a revelação (DV 2; D-H 4202).

II. A transmissão da divina Revelação

Essa revelação, concentrada, por assim dizer, em Cristo, Deus cuidou para que ela fosse conservada integralmente e transmitida a todas as gerações. Nessa transmissão entram, em primeiro lugar, os Apóstolos, que, por sua pregação e também por escrito, conservaram os fatos e as palavras dessa revelação prometida pelos Profetas e levadas à plenitude por Jesus Cristo: as Escrituras do Antigo e do Novo Testamento. Os Apóstolos transmitiram também o encargo do Magistério a seus sucessores, os bispos (DV 7).

Constitui-se assim a "Tradição viva", que:

> abrange tudo quanto contribui para a vida santa do Povo de Deus e para o aumento da sua fé. [...] A Igreja, na sua doutrina, vida e culto, perpetua e transmite a todas as gerações tudo o que ela é, tudo o que ela crê (DV 8; D-H 4209).

O ensinamento dos Santos Padres testemunha a presença vivificante dessa Tradição, cujas riquezas se transfundem na práxis e na vida da Igreja crente e orante. Pela mesma Tradição torna-se conhecido à Igreja o cânon completo dos Livros Sagrados, e as próprias Sagradas Escrituras são nela cada vez mais bem compreendidas e se fazem sem cessar atuantes; e assim, o Deus que outrora falou mantém um permanente diálogo com a Esposa de seu dileto Filho. E o Espírito Santo, pelo qual a voz viva do Evangelho ressoa no mundo na Igreja e através da Igreja, introduz os fiéis em toda a verdade e faz habitar neles abundantemente a palavra de Cristo (cf. DV 8; D-H 4211).

Ficou, portanto, impossível conceber a Tradição e a Escritura como "duas fontes da Revelação" separadas, como se expressava o Concílio de Trento em reação a certa doutrina protestante que aceitava somente a Sagrada Escritura como fonte. A Escritura faz parte da Tradição, e é no seio dessa Tradição viva que ela se tornou "Escritura cristã", com inclusão das escrituras de Israel. Por isso, o Vaticano II não mais fala em termos de "fontes", mas de uma única "nascente" (*scaturigo*):

> A sagrada Tradição e a Sagrada Escritura [...] *promanam da mesma nascente* divina, formam de certo modo um só todo e tendem para o mesmo fim. [...]. A sagrada Tradição e a Sagrada Escritura constituem um só sagrado depósito da Palavra de Deus, encomendado à Igreja [...] (DV 9-10; D-H 4212-4213; grifo nosso).

A seguir, o documento explica a responsabilidade da interpretação *autêntica*, confiada ao Magistério "vivo" da Igreja, com assistência do Espírito Santo. E as interpretações privadas dos fiéis deverão estar em harmonia com a "autenticada"!

III. Inspiração divina da Sagrada Escritura e sua interpretação

Quanto ao papel próprio da Sagrada Escritura e de sua inspiração e interpretação, a *Dei Verbum* é muito devedora à Encíclica *Divino Afflante Spiritu* de Pio XII (1943).[2] Ao tratar da inspiração, a *Dei Verbum* reafirma que a Igreja

> tem como sagrados e canônicos os livros completos tanto do Antigo como do Novo Testamento, com todas as suas partes, porque, escritos sob a inspiração do Espírito Santo, têm Deus por autor e foram como tais transmitidos à Igreja (DV 11; D-H 4215).

Para redigir os livros sagrados, Deus escolheu pessoas humanas,

> sem tirar-lhes o uso das próprias capacidades e faculdades, a fim de que, agindo ele próprio neles e por eles, transmitissem por escrito, como verdadeiros autores, tudo e só aquilo que ele próprio quisesse. Portanto, já que tudo o que os autores inspirados ou os hagiógrafos afirmam deve ser tido como afirmado pelo Espírito Santo, segue-se que devemos confessar que os livros da Escritura ensinam com certeza, fielmente e sem erro a verdade que Deus, para nossa salvação, quis fosse consignada nas Sagradas Letras (DV 11; D-H 4215-4216).

A expressão "a verdade que Deus, para nossa salvação, quis fosse consignada" fornece uma base para refutar o fundamentalismo, que retira as palavras da Bíblia de sua intencionalidade própria – expressar a salvação de Deus – e as transforma em enunciados pseudocientíficos. A Bíblia, recebida no seio da Tradição viva, na qual ela se constituiu como revelação escrita, e interpretada no espírito que a inspirou, nos mostra a verdade para nossa

---

[2] Cf. KONINGS, J. *Verbum Domini* e a hermenêutica bíblica. *Encontros Teológicos*, Florianópolis, v. 26, n. 2, p. 27-42, 2011, aqui p. 39; cf. Id. *A Bíblia: sua origem e sua leitura*. 7. ed. atual. Petrópolis: Vozes, 2011. p. 214.

salvação, não para resolver questões de física ou de paleontologia – ou predizer o fim do mundo...

Ao falar da interpretação, a *Dei Verbum* olha, sobretudo, para o lado inicial da Escritura: a intenção do autor, a linguagem original, os gêneros literários, o simbolismo etc. Vê no trabalho humano dos autores

> [a] admirável *condescendência* da eterna Sabedoria [...], pois as palavras de Deus expressas por línguas humanas se fizeram semelhantes à fala humana, tal como outrora o Verbo do Pai Eterno, havendo assumido a carne da fraqueza humana, se fez semelhante aos homens (DV 13; D-H 4220).

De fato, o que para muitos são "problemas bíblicos" – inexatidões históricas, contradições, incoerências, conceitos bárbaros, simbolismos estranhos e até as divergências nos documentos antigos e os erros tipográficos nas edições de hoje – são manifestações da encarnação da Palavra de Deus.[3]

IV. O Antigo Testamento

O texto esboça, em seguida, um resumo da História da Salvação antes de Cristo, como se depreende de uma leitura do Antigo Testamento.

> A economia do Antigo Testamento estava ordenada principalmente para preparar a vinda de Cristo, redentor universal, e de seu Reino messiânico, para anunciá-la profeticamente e dá-la a conhecer através de várias figuras (DV 15; D-H 4222).

---

[3] Cf. KONINGS, J. *A Palavra se fez livro*. 4. ed. São Paulo: Loyola, 2010. p. 13.

Apesar de algumas coisas imperfeitas, esses livros "manifestam a verdadeira pedagogia divina" (ibid.) e devem ser devotamente recebidos pelos fiéis, pois "contêm sublimes ensinamentos acerca de Deus, uma salutar sabedoria concernente à vida humana e admiráveis tesouros de preces, nos quais está latente o mistério de nossa salvação" (ibid.).

Deus, inspirador e autor dos livros dos dois Testamentos, dispôs sabiamente as coisas, de sorte que o Novo Testamento está latente no Antigo, e o Antigo está patente no Novo. Com efeito, embora Cristo tenha estabelecido uma Nova Aliança em seu sangue, contudo, os livros todos do Antigo Testamento, recebidos integralmente na pregação evangélica, adquirem e manifestam sua significação completa no Novo Testamento, que por sua vez iluminam e explicam. (DV 16; D-H 4223, citando Agostinho).

V. O Novo Testamento

É, portanto, no Novo Testamento que a Palavra de Deus manifesta seu vigor de modo eminente (DV 17; D-H 4224). Quando os tempos se cumpriram,

Cristo instaurou na terra o Reino de Deus, por fatos e por palavras deu a conhecer o Pai e a si próprio, e completou sua obra com a morte, ressurreição e gloriosa ascensão e com o envio do Espírito Santo (ibid.).

A manifestação desse mistério tem como testemunhas de modo particular os "Apóstolos e Profetas no Espírito Santo" (ibid.). As outras gerações não a receberam desse modo, mas por meio da palavra deles, que têm os escritos do Novo Testamento como "testemunho perene e divino" (ibid.).

VI. A Sagrada Escritura na vida da Igreja

No último capítulo, a *Dei Verbum* faz uma aproximação entre a Sagrada Escritura e a veneração do corpo do Senhor:

> A Igreja sempre venerou as divinas Escrituras, como sempre venerou ao próprio corpo do Senhor, já que sem cessar toma da mesa da Palavra de Deus e do Corpo de Cristo o pão da vida e o serve aos filhos. Sempre as teve e tem, juntamente com a Sagrada Tradição, como suprema regra de sua fé, porque, inspiradas por Deus e consignadas por escrito uma vez para sempre, comunicam imutavelmente a Palavra do próprio Deus e fazem ressoar através das palavras dos Profetas e Apóstolos a voz do Espírito Santo. É necessário, portanto, que toda pregação eclesiástica, como a própria religião cristã, seja alimentada e orientada pela Sagrada Escritura (DV 21; D-H 4228).

Assim, a Igreja voltou às fontes. Colocou em primeiro lugar não os raciocínios ontológicos, mas a Sagrada Escritura, vestígio palpável, por assim dizer, da origem da Tradição viva que se transmite na Igreja.

Com base nesse princípio, a *Dei Verbum* aconselha a produção de traduções em vernáculo, como já aconteceu antigamente na Septuaginta grega para o Antigo Testamento e na Vulgata latina para a Bíblia toda. E aconselha que essas traduções sejam feitas sobre os textos originais (o hebraico para o Antigo Testamento e o grego para o Novo), se possível, em colaboração com as outras confissões cristãs.

Aconselha o estudo bíblico generalizado, "de maneira que o maior número possível de ministros da divina Palavra possa frutuosamente fornecer ao Povo de Deus o alimento das Escrituras" (DV 23; D-H 4230).

O estudo bíblico não pode ser algo separado da Teologia:

> A sagrada Teologia apoia-se, como em seu fundamento perene, na palavra escrita de Deus junto com a sagrada Tradição, e neste [fundamento] se fortalece firmissimamente e sempre se rejuvenesce, perscrutando, à luz da fé, toda a verdade encerrada no mistério de Cristo. Ora, as Sagradas Escrituras contêm a Palavra de Deus e, porque inspiradas, são verdadeiramente Palavra de Deus. Por isso, o estudo das Sagradas Páginas seja como que a alma da sagrada Teologia (DV 24; D-H 4231).

Urge, portanto, que os clérigos e cooperadores da Palavra (ministros, catequistas, animadores...):

> mantenham um contato íntimo com as Escrituras [...] para que não venha a ser "vão pregador da Palavra de Deus externamente, quem a ela não presta ouvido interiormente" (DV 25; D-H 4232, citando Agostinho).

> "A todos os fiéis cristãos, especialmente aos religiosos", o Concílio exorta que "pela frequente leitura das divinas Escrituras, alcancem 'o eminente conhecimento de Jesus Cristo'", porque "ignorar as Escrituras é ignorar Cristo" (ibid., citando Jerônimo).

> Nesse sentido, a *Dei Verbum* apoia todas as atividades de leitura e pastoral bíblica que "hoje em dia louvavelmente se difundem por toda parte" (ibid.), lembrando que devem ir acompanhadas da oração, transformando-as num diálogo entre Deus e o homem, pois, como diz Ambrósio, "com Ele falamos quando rezamos, a Ele ouvimos quando lemos os divinos oráculos" (ibid.).

Assim o tesouro da Revelação confiado à Igreja deverá repletar cada vez mais os corações:

Assim como a vida da Igreja se desenvolve pela assídua participação no mistério eucarístico, assim é lícito esperar um novo impulso de vida espiritual de uma acrescida veneração pela Palavra de Deus, que permanece eternamente (DV 26; D-H 4235).

3. Novos "sinais do tempo", sinais de um novo tempo...

Olhando para trás, para o Concílio Vaticano II, não podemos deixar de olhar para a frente. É como o motorista que olha no retrovisor para avançar com mais segurança. O Concílio Vaticano II respondeu aos sinais do *seu* tempo. Um reavivamento espiritual, um novo Pentecostes renovou a Igreja. As celebrações litúrgicas, celebradas com maior simplicidade, voltadas para o povo e na língua dele, eram um sinal da nova consciência eclesial e também da percepção de um Deus próximo, o Pai de Jesus Cristo. Os fiéis e os ministros ficaram mais próximos uns dos outros. Multiplicaram-se as iniciativas ecumênicas. A Igreja "pobre e serva", preconizada por Padres Conciliares como os cardeais Léger e Lercaro, os bispos Helder Camara e Proaño, para citar apenas alguns, parecia tomar corpo nas iniciativas de solidariedade do mundo inteiro e, sobretudo, nas comunidades de base com colorido autóctone e participação ativa de todos.

A partir daí, alastrou-se pelo Brasil e pela América Latina afora a leitura da Bíblia com o povo.[4] A abertura mostrada pela *Dei Verbum* foi confirmada pelo documento da Pontifícia Comissão Bíblica de 1993 sobre a "Interpre-

---

[4] Cf. KONINGS, J. Ler a Bíblia com o povo e como povo. *Perspectiva Teológica*, Belo Horizonte, v. 27, n. 71, p. 27-36, jan./abr. 1995.

tação da Bíblia na Igreja", aos cem anos da *Providentissimus Deus* de Leão XIII e os cinquenta anos da *Divino Afflante Spiritu* de Pio XII. Escancarou-se a porta não só para os métodos histórico-crítico-literários, mas também para as questões da hermenêutica e das leituras perspectivistas (sociológica, feminista etc.). Só o fundamentalismo é rechaçado.

Entretanto, o mundo começou a mudar radicalmente. Já antes do Concílio, existia o movimento *hippie*. Depois, em maio de 1968, deu-se a Revolução dos universitários que, no momento, parecia um *tsunami* de esquerdismo marxista, mas, para quem olha com certa distância, talvez tenha sido um sinal da assim chamada pós-modernidade.

O mundo foi se tornando mais global, para o bem e para o mal... De toda maneira, sempre mais multicultural. E desigual: nem o sonhado socialismo mundial nem o neoliberalismo capitalista conseguiram resolver a desigualdade e a miséria. Ao contrário, aumentaram. Com um agravante: até a natureza parece não mais suportar as pegadas de elefante com que a humanidade pisa no seu próprio ambiente vital – o problema ecológico. Para reagir, surge o Fórum Mundial: outro mundo deve ser possível, mediante uma radical transformação da relação do homem com a sociedade e com a natureza.

A depressão está se tornando, além de uma praga econômica, também a doença privilegiada do início do século XXI. O pensamento perde suas certezas. Contra o predomínio da racionalidade instrumental, preconiza-se a "razão fraca", modesta, que foge das fórmulas absolutas. Os espíritos mais ortodoxos veem o perigo de um "relativismo absoluto".

No terreno religioso, confusão total. As religiosidades bem assentadas – o catolicismo, o protestantismo histórico, o Islã dos sábios – estão sendo acuadas por movimentos fundamentalistas e/ou pseudomísticos. O que inicialmente parecia um retraimento do religioso – a secularização, a "morte de Deus" – deu lugar, primeiro a "um rumor de anjos"[5] e, logo depois, a movimentos religiosos delirantes e até beligerantes. Entretanto, a Igreja Católica sofre baixas consideráveis.[6]

A essa luz, o Sínodo sobre a Palavra de Deus (2008) e a Exortação Apostólica *Verbum Domini* do Papa Bento XVI (2010) fazem, depois de quase meio século, uma releitura da *Dei Verbum*.[7] O Sínodo ampliou o título do último capítulo da *Dei Verbum*, "A Sagrada Escritura na vida da Igreja"; nesse sentido: "A *Palavra de Deus* na vida *e na Missão* da Igreja", pois a Palavra de Deus é mais que a Bíblia e a Igreja é comunidade em missão, como já tinham sublinhado os papas Paulo VI, na Exortação *Evangelii Nuntiandi*, e João Paulo II, na *Redemptoris Missio*.

A *Dei Verbum*, na linha da *Divino Afflante Spiritu* de Pio XII, insistiu no empenho dos exegetas em descobrir o sentido do autor nos textos bíblicos. A *Verbum Domini* (VDom) acentua o processo hermenêutico, que permite que o ouvinte receba a palavra como palavra viva, hoje, "como o que de fato ela é: Palavra de Deus, que age em vós que acreditais" (1Ts 2,13). Outro avanço é a perspectiva

---

[5] Cf. BERGER, Peter L. *Rumor de anjos*: a Sociedade moderna e a redescoberta do sobrenatural. Petrópolis: Vozes, 1997.

[6] Cf. o recente censo do IBGE, disponível em: < http://www.ibge.gov.br/censo2010/ >.

[7] KONINGS, J. A exortação apostólica pós-sinodal *Verbum Domini*. *Revista Eclesiástica Brasileira*, Petrópolis, v. 71, n. 281, jan. 2011, p. 87-123.

pastoral: não apenas o estudo da Sagrada Escritura deve ser a alma de toda a Teologia (cf. DV 24), mas *toda a pastoral* deve ser bíblica (VDom 73-75).

Conclusão

Com um olhar global sobre a *Dei Verbum* e sua releitura na *Verbum Domini*, percebe-se a insistência no contato *direto* com a Sagrada Escritura. Não bastam as "reconfigurações" oferecidas pela teologia, pelo catecismo e pela leitura espiritual tradicionais, que são interpretações condicionadas pela época em que foram elaboradas. A hermenêutica sadia deve sempre *voltar às origens* para restabelecer seu movimento circular.[8] Essa preocupação foi uma das molas propulsoras do Concílio Vaticano II: voltar às fontes.

Ora, o contato direto com a Bíblia é só um dos polos da relação hermenêutica; o outro é a vida na realidade de hoje. Bíblia e vida se iluminam mutuamente. A vida proporciona a atenção, o interesse, o olhar aberto e esperançoso com o qual nos aproximamos da Bíblia. Não nos podemos contentar, para o futuro, com uma leitura bíblica que só atente à letra da Bíblia ou aos conceitos teológicos tradicionais que, supostamente, se baseiam nela. É preciso que a Bíblia diga às pessoas alguma coisa para a sua vida, que ela fale da vida da gente. A Bíblia deve ser proposta de tal modo que o leitor ou o ouvinte reconheça nela o que ele está vivendo e, assim, encontre inspiração e força para assumir e transformar sua realidade.

---

[8] Cf. KONINGS, J. Interpretar a Bíblia aos cinquenta anos do Concílio Vaticano II. *Perspectiva Teológica*, v. 44, n. 123, p. 237-256, maio-ago. 2012.

Além disso, quem recebe a Palavra é responsável de que ela seja ouvida, comunicada, não apenas em igrejas e capelas, mas num mundo em que muitos ou desistiram da prática religiosa tradicional, ou nunca a conheceram. Essa missão exige um bom preparo, que só se alcança interiorizando em profundidade a Palavra de Deus. Neste tempo de confusão e de banalização até das celebrações litúrgicas, é urgente criar momentos de oração e de celebração moldados pela escuta da Palavra de Deus, e dos quais também os "afastados" possam participar.

Nesse quadro, vale mencionar a arte da homilia, que é a matriz e o fruto da hermenêutica bíblica. Na homilia, o fiel deve ser confrontado com a Paalavra de Deus em sua vida concreta. O momento contemplativo, que deve estar presente em toda a vida cristã, alimentará a pregação bíblica e afastará o perigo apontado por Agostinho, de ser "vão pregador da Palavra de Deus externamente, quem a ela não presta ouvido interiormente" (DV 25).

A memória dos cinquenta anos do Concílio não pode significar enterrá-lo como algo que já era, mas deve servir para incluir no nosso horizonte imediato aquilo que se deu a ver cinco décadas atrás: um mundo de injustiças não resolvidas até agora, o pluralismo cultural e religioso, o problema da linguagem religiosa, que não aparece mais como expressão conceitual de realidades ontológicas... mas como quê, então? Parece-me que este é, agora, o problema prioritário. Se Pio XII na Encíclica *Divino Afflante Spiritu*, o Concílio Vaticano II na *Dei Verbum*, a Pontifícia Comissão Bíblica no relatório de 1931, o Sínodo de 2008 e o Papa Bento XVI na Exortação *Verbum Domini*, todos eles, deram a entender que a linguagem bíblica deve ser entendida sobre o fundo das origens bíblicas, não podemos recair na facilidade de entendê-la sem o devido esforço histórico-cultural, sem respeitar sua diferença e alteridade, o modo comunicativo próprio daquilo que se chama mito e dos outros gêneros literários entrelaçados no campo bíblico. Não há como voltar atrás da crítica literário--histórica. Mas o que com ela aprendemos precisa agora ser recontextualizado e colocado em diálogo com um mundo que, nestes cinquenta anos, mudou aceleradamente – fim de época, começo da algo novo? A familiaridade com os textos antigos e com seu ambiente transmissor – a Igreja – diminuiu drasticamente. Devemos, por trás das palavras, redescobrir e mostrar a Tradição viva da prática cristã, que permitirá interpretar e traduzir para hoje o que se cristalizou nas palavras do início.

Hoje, num mundo sequestrado pelo consumismo, mergulhado num individualismo irresponsável e estraçalhado por oposições crescentes, o Papa Francisco dá, como João XXIII cinquenta anos atrás, sinais da volta à simplicidade, à pobreza e ao serviço. Assim, acena para que todos nós voltemos à fonte que é a Palavra viva de Deus, encarnada no meio de nós em Jesus de Nazaré. Oxalá entendamos esse sinal!

Referências bibliográficas

BERGER, Peter L. Rumor de anjos: a sociedade moderna e a redescoberta do sobrenatural. Petrópolis: Vozes, 1997.

DENZINGER, H.; HÜNERMANN, P. *Compêndio dos símbolos, definições e declarações de fé e moral*. São Paulo: Loyola, Paulinas, 2007.

IBGE. Censo 2010. Disponível em: < http://www.ibge.gov.br/censo2010/ >. Acesso em: 25/03/2013 (# Religião).

KONINGS, J. *A Bíblia: sua origem e sua leitura*. 7. ed. atual. Petrópolis: Vozes, 2011. p. 214.

_____. A exortação apostólica pós-sinodal *Verbum Domini*. *Revista Eclesiástica Brasileira*, Petrópolis, v. 71, n. 281, p. 87-123, jan. 2011.

_____. *A Palavra se fez livro*. 4. ed. São Paulo: Loyola, 2010. p. 13.

_____. Interpretar a Bíblia aos cinquenta anos do Concílio Vaticano II. *Perspectiva Teológica*, v. 44, n. 123, p. 237-256, maio/ago. 2012.

_____. Ler a Bíblia com o povo e como povo. *Perspectiva Teológica*, Belo Horizonte, v. 27, n. 71, p. 27-36, jan./abr. 1995.

_____. *Verbum Domini* e a hermenêutica bíblica. *Encontros Teológicos*, Florianópolis, v. 26, n. 2, p. 27-42, 2011.

As citações dos textos do Magistério são, via de regra, feitas a partir da tradução adotada em DENZINGER, H.; HÜNERMANN, P. *Compêndio dos símbolos, definições e declarações de fé e moral*. São Paulo: Loyola, Paulinas, 2007.

Liturgia para a sociedade que queremos

De acordo com o Concílio Vaticano II[*]

Ione Buyst[**]

Liturgia e missão na sociedade

O Concílio Vaticano II colocou decididamente a Igreja no trilho da missão na sociedade, como "fermento na massa", tendo como perspectiva o Reino de Deus, anunciado e inaugurado por Jesus. Não se trata mais para os cristãos de impor sua maneira de pensar e de agir, mas de dialogar e cooperar, humildemente, com todos os segmentos da sociedade. O foco da missão não é a Igreja, nem a religião, mas o ser humano e a convivência entre

---

[*] Texto redigido antes da escolha do Papa Francisco; tudo parece indicar que o novo bispo de Roma insistirá em trilhar os caminhos abertos pelo Concílio Vaticano II.

[**] Ione Buyst, com doutorado em teologia dogmática com concentração em liturgia, atua há muitos anos como professora universitária, na formação e na pastoral litúrgica, e como escritora de artigos e livros, tanto no campo acadêmico quanto no campo pastoral e popular. É membro da comunidade monástica beneditina Vita et Pax.

os povos, na diversidade de crenças e culturas, superando os conflitos entre povos e nações. O objetivo não é de "converter" o mundo inteiro ao cristianismo, mas de humanizar a humanidade e contribuir para que se realize a fraternidade universal, como insiste a "Constituição Pastoral *Gaudium et Spes* sobre a missão da Igreja no mundo" (GS):

> Trata-se, com efeito, de salvar a pessoa humana e de restaurar a sociedade humana. Por isso, o homem [ser humano] será o fulcro [eixo] de toda a nossa exposição: a pessoa humana na sua unidade e integridade: corpo e alma, coração e consciência, inteligência e vontade. Eis a razão por que este sagrado Concílio, proclamando a sublime vocação do homem [ser humano], e afirmando que nele está depositado um germe divino, oferece ao gênero humano a sincera cooperação da Igreja, a fim de instaurar a fraternidade universal que a esta vocação corresponde. Nenhuma ambição terrena move a Igreja, mas unicamente este objetivo: continuar, sob a direção do Espírito Consolador, a obra de Cristo que veio ao mundo para dar testemunho da verdade, para salvar e não para julgar, para servir e não para ser servido (GS 3).

Convém ressaltar que o texto que acabamos de citar é parte do último documento promulgado pelo Concílio, em 7 de setembro de 1965, quase três anos depois da promulgação da Constituição *Sacrosanctum Concilium* sobre a Sagrada Liturgia (SC), em 4 de dezembro de 1963, como primeiro documento emitido pelo Vaticano II. Nesse lapso de três anos, o episcopado mundial amadureceu com as sessões conciliares, com os inúmeros contatos e encontros de estudos e discussões. Muitas mentalidades foram transformadas. Surge, aí, uma questão: a renovação litúrgica deve levar em conta essa mudança, essa abertura da Igreja para com a sociedade expressa em documentos posteriores à SC? Certamente, sim, porque a liturgia é considerada *cume e fonte* da vida da Igreja (SC 10) e as celebrações litúrgicas são "celebrações da Igreja [...] pertencem a todo o Corpo da Igreja e o manifestam e afetam" (SC 26); portanto, uma nova concepção da Igreja a respeito de si mesma e de sua relação com o "mundo", com a sociedade, deverá necessariamente ter influência em nossa maneira de celebrar, de compreender a liturgia e de organizar a pastoral litúrgica.

A pergunta, então, coloca-se da seguinte forma: a vida litúrgica dos cristãos – renovada segundo os princípios da SC – pode contribuir na organização da "sociedade que queremos", levando em conta a utopia que perpassa os documentos conciliares? Como?

É principalmente na GS que o Concílio esboça os fundamentos e os traços característicos da sociedade compreendida a partir do evangelho de Jesus. Primeiro, focaliza a dignidade da pessoa humana: embora dividida em si mesma, é chamada a transcender o universo pela sua interioridade, seu aperfeiçoamento na sabedoria, sua consciência moral, sua conquista da liberdade interior, seguindo a intuição profunda de seu coração de que a morte não é o fim. Em seguida, partindo da constatação da multiplicação das relações sociais, a GS fala da vocação do ser humano para a vida em comunidade e da interdependência entre a pessoa e a sociedade humana; insiste na lei do amor como base para o reconhecimento da dignidade de qualquer ser humano e do respeito mútuo, inclusive para com adversários e inimigos; insiste na igualdade fundamental entre todas as pessoas e na importância do empenho pela justiça social e a superação da ética individualista; fala da importância da educação para a responsabilidade social e a participação consciente e solidária de todas as pessoas nos assuntos públicos do "corpo social". Num terceiro capítulo, a GS debruça-se sobre a atividade humana no mundo (o trabalho, a ciência, a técnica): seu valor como participação na obra da criação, na realização do próprio ser humano e no estabelecimento de relações sociais mais humanas; mas alerta também contra a tentação de se fazer mau uso da atividade humana, provocando injustiças, desigualdades econômicas e sociais. No quarto capítulo, a Constituição Pastoral esboça "o papel da Igreja no mundo contemporâneo", como intercâmbio e ajuda recíproca, partindo do princípio de que a Igreja, como comunidade espiritual, tem uma contribuição específica a dar no aprofundamento do sentido da vida, do trabalho e da morte, na promoção da unidade na sociedade humana. E alerta contra o "divórcio entre fé e vida" (cf. GS 46).

Aí está o nó da questão quanto à relação entre liturgia e missão! Até hoje, cinquenta anos depois do Concílio, muitas pessoas "católicas praticantes" pensam que, para viver a fé, basta ser batizado, "casar na igreja", rezar, ir à missa dominical pelo menos de vez em quando... e não aceitam, nem compreendem, como certos bispos, padres, leigos e leigas "atuam no social", "se metem em política", em nome da fé cristã. Não percebem a relação entre a liturgia e a vida em sociedade.

Bastaria fazer preces fervorosas na celebração ou "mandar rezar missa" para que Deus acabe com a pobreza no mundo, com a Aids e outras doenças graves, com as secas e inundações, com as inúmeras e devastadoras guerras? Há muita gente que pensa dessa forma; vão à missa, fazem promessas e novenas, rezam devotamente, jogando a responsabilidade em Deus e esquivando-se de sua missão na sociedade, de sua própria responsabilidade em criar as condições humanas para que cresça entre nós o Reino de Deus!

A liturgia cristã não é simplesmente um conjunto de práticas religiosas para honrar a Deus e assim garantir sua proteção. A liturgia é "memória perigosa" de Jesus Cristo, que ensinou e viveu o amor incondicional a Deus e a todas as pessoas, como sinal do Reino que se expande entre nós pelo poder do Espírito de Deus, visando à transformação, inclusive, das estruturas sociais e políticas; estas devem garantir a convivência pacífica e gozosa de todos os povos e culturas, numa "fraternidade universal". A maneira de viver de Jesus e seu ensinamento, contrariando os interesses das classes dominantes (políticas e religiosas), foram a causa de sua condenação e de sua morte na cruz. Mas foram também o início de um movimento renovador que, até hoje, propõe um novo tipo de relacionamento entre pessoas, povos, culturas..., baseado não na competição e na exploração, mas na convivência harmoniosa, respeitosa, enriquecedora, no cultivo do amor mútuo.

A liturgia por si só não é capaz de mudar a sociedade; não é capaz de atuar sobre ela. Mas a liturgia pode transformar, sim, as pessoas que dela participam. Pela participação ativa e consciente deixam-se moldar pelo Espírito do Ressuscitado durante as assembleias litúrgicas: pela escuta e meditação da Palavra de Deus, pelo canto meditativo dos salmos e outros cantos litúrgicos, pelas preces e orações, pelas ações simbólico-sacramentais, pelo caminho espiritual oferecido nas celebrações do ano litúrgico... Pouco a pouco, ao longo dos anos, assimilam o jeito de ser de Jesus, sua maneira de se relacionar com Deus e com as outras pessoas; assumem sua maneira de pensar o ser humano, a vida e a morte, a convivência em sociedade; deixam-se transformar paulatinamente pelo Espírito de Jesus. Compreendem que participar da liturgia supõe participar, como cidadãos e cidadãs, na transformação da realidade, inspirados em Jesus Cristo e seu evangelho, impelidos por seu Espírito, iluminados pela visão do futuro, do "Reino de Deus". Compreendem que participar da liturgia supõe o compromisso e a disponibilidade para essa missão. Essa participação ativa, consciente e transformadora de todo o povo de Deus foi possibilitada pela renovação litúrgica a partir da SC.

I. A liturgia renovada segundo a SC – alguns pontos-chave

O que logo chama a atenção na leitura da SC é seu enfoque teológico. A liturgia é apresentada como um momento da história da salvação; é celebração memorial, atualizadora, da ação criadora e recriadora de Deus, que teve seu ponto alto na vida, morte e ressurreição de Jesus, o Cristo-Messias, por obra do Espírito Santo, e que nos encaminha para a realização final, o Reino de Deus, quando "Deus será tudo em todos" (cf. 1Cor 15,28). Toda a liturgia recobra assim seu sentido pascal. A celebração da Eucaristia e demais sacramentos e sacramentais, as exéquias, o ofício divino, o ano litúrgico... são celebrações do mistério pascal; são memorial da morte e ressurreição de Jesus Cristo. Pela participação na liturgia passamos com Cristo da morte para a vida.

A partir daí, a liturgia não pode mais ser considerada como a parte "externa" e "sensível" do "culto", um conjunto de ritos e cerimônias bonitas, decorativas. Não pode mais ser reduzida a uma expressão da "virtude da religião" ou da devoção, por iniciativa do ser humano ante o Criador. Também não podemos mais restringir a liturgia a seus aspectos jurídicos e suas rubricas, como se a eficácia e o valor da liturgia dependessem de uma minuciosa obediência às prescrições ritualísticas. A liturgia é um encontro do Deus vivo – por Cristo, com Cristo e em Cristo, na unidade do Espírito Santo – com o seu povo, aqui e agora, num dado momento histórico, para fazê-lo participante de sua vida, para viver em comunhão com ele, para que o projeto de Deus se realize. É participação no próprio mistério de Deus. O Cristo Ressuscitado, com seu Espírito, está presente na assembleia eclesial reunida para fazê-la passar, junto com ele, da morte para a vida e se tornar assim, no meio do mundo, uma semente do Reino de Deus, o início do mundo novo que brota da ressurreição de Jesus, o Cristo.

A presença do Senhor Ressuscitado não deve ser entendida como uma presença psicológica, sentida subjetiva e emocionalmente; trata-se de uma presença objetiva, espiritual, sacramental, isto é, através dos "sinais sensíveis" da ação ritual: a assembleia das irmãs e dos irmãos reunidos, a atuação da presidência e outros ministérios, a proclamação e interpretação da Palavra, as preces e orações, os gestos sacramentais (banho batismal, unção crismal, partilha do pão e do vinho eucaristizados...), a música ritual, o espaço litúrgico... É participando da ação ritual que entramos comunitariamente em comunhão com Deus. A participação comunitária supõe o envolvimento pessoal de cada participante nessa ação. É importante sublinhar que nossa subjetividade deve abrir-se à realidade objetiva da ação ritual, na qual o Cristo Ressuscitado vem ao nosso encontro.

Liturgia é uma rua de "duas mãos": é antes de tudo ação pascal de Deus que vem santificar seu povo; é glorificação de Deus por parte do povo, que acolhe a vida divina e responde à ação salvadora de Deus louvando, agradecendo, vivendo a vida nova que vem do Cristo e comprometendo-se com o crescimento do Reino de Deus no mundo, até que se complete a história da salvação. Assim, não basta "ir à missa" e "assistir"; é preciso *participar* ativamente, com conhecimento de causa, com empenho espiritual e fazer com que aquilo que celebramos transforme nossa vida pessoal, comunitária, social, e nos torne testemunhas e missionários na sociedade.

Partindo dessas afirmações, é fácil entender que a liturgia é "a primeira e necessária fonte, da qual os fiéis deverão haurir [tirar, beber] o espírito genuinamente cristão" (cf. SC 14). É nela que recebemos sacramentalmente o Espírito Santo, que nos torna capazes para o sacerdócio e o culto do povo santo e para a profecia, tanto nas ações litúrgicas quanto na vida cotidiana e na missão.

A característica da experiência de Deus na liturgia é de ser uma *experiência ritual*, que leva a sério e passa necessariamente pela corporeidade. A liturgia – e a espiritualidade na qual está banhada – supõe uma antropologia na qual corpo, alma, mente e espírito formam uma unidade. Requerem uma teologia que leve a sério a liturgia enquanto ação ritual. A espiritualidade litúrgica está "casada" com a ritualidade e dela depende. Trata-se de entrar no mistério, de "conhecer" Deus, através da participação na ação ritual (cf. SC 48). Conhecemos o mistério *pelos* ritos e preces e somente dessa forma poderemos participar de verdade na ação sagrada, penetrar em seu "segredo", sua realidade teologal, espiritual, mistérica. E aí é bom lembrar que o silêncio e a interioridade são parte essencial da ritualidade.

A partir dessa visão, é superada a noção causal de "sacramento" ("batizou, salvou!"); voltamos à compreensão simbólica, por uma abordagem bíblica, patrística e antropológica. Retoma-se a teologia da Eucaristia, Batismo, Crisma etc., a partir dos textos e dos gestos rituais da celebração desses sacramentos, renovados a partir do Concílio.

A participação ativa e consciente de todo o povo de Deus é considerada o princípio fundamental da renovação litúrgica (cf. SC 79). Quem celebra a liturgia não é somente a "hierarquia", mas toda a comunidade eclesial, povo sacerdotal, povo de batizados em Cristo e no Espírito. Os ministérios estão – como o próprio termo indica – a "serviço": do Espírito Santo e do povo celebrante. Para que essa participação seja possível, é necessário que a liturgia seja celebrada no idioma e com características culturais de cada povo (linguagem musical, gestual, arquitetural...). É necessária também a formação litúrgica de todo o povo sacerdotal, dos que se preparam para assumir o ministério ordenado, do clero que já está ativo na pastoral e dos especialistas em liturgia (incluindo música, arquitetura e arte litúrgica...).

Decisivo e fundamental, inclusive para o diálogo ecumênico e a aproximação com as Igrejas da Reforma Protestante, é a importância dada à Palavra de Deus na liturgia. Falamos hoje com tranquilidade da *sacramentalidade da Palavra* (cf. Bento XVI, *Verbum Domini*, n. 56). Quando são proclamadas e interpretadas as leituras bíblicas na assembleia litúrgica, é o próprio Cristo quem dirige sua palavra à comunidade reunida. É palavra sempre nova, interpretada a partir das circunstâncias mutantes de nossa vida pessoal, eclesial, social. É palavra transformadora que leva a uma constante renovação de vida, a um compromisso com o Reino de Deus; não se trata de uma formalidade ritual. A reforma litúrgica conciliar foi muito abrangente em relação às Sagradas Escrituras: restauração da "mesa da Palavra" ao lado da "mesa da Eucaristia", restauração do salmo responsorial, da homilia e da oração universal; reintrodução do ministério de leitores e leitoras, e também de salmistas leigos e leigas; reforma dos lecionários; revisão da liturgia das horas; valorização da leitura orante... Mais: para alguém ser batizado é preciso que passe por um período de catecumenato, de iniciação – de escuta da Palavra de Deus e de oração –, no qual sejam suscitadas e aprofundadas a fé necessária para os sacramentos e a consequente vida cristã. (Vejam principalmente SC 24; 33; 35; 51-54; 56; 64.)

II. A raiz profunda, teologal, que liga liturgia e missão

Para nós, cristãos, o mundo é "coisa de Deus" (cf. Salmo 24/23). Mais que isso, Deus não está *fora* do mundo; não está fora da história, mas no âmago dela, criando e renovando a vida, sem cessar. O Verbo de Deus era no princípio... "estava no mundo e o mundo foi feito por ele, mas o mundo não o reconheceu" (Jo 1). Também o Espírito, o Sopro de Deus, está atuante no coração do mundo, desde o início, quando pairava sobre as águas primordiais. E quando o ser humano se desviou do caminho querido por Deus, colocando em perigo assim sua própria vida, Deus se fez um de nós, ser humano, em Jesus, para reconduzir-nos ao Pai, na força do Espírito de Amor, para fazer acontecer o Reino de Deus na realidade humana. Rejeitado, condenado à morte de cruz, deu sua vida livremente, confiando no Pai que o ressuscitou e o fez Senhor dos vivos e dos mortos. Assim cantamos no hino da carta aos Efésios: "Sim, derramou sobre nós graça abundante e saber, nos revelando o Mistério, plano de seu bem-querer, de conduzir a história à plena realização: Cristo encabeça o universo, terras e céus se unirão!".[1] Ou no hino da carta aos Colossenses: "Tudo foi feito por ele, antes de tudo ele existe; tudo foi feito pra ele e nele tudo subsiste [...]. Pois Deus em sua riqueza no Cristo quis habitar; por ele, Deus e o mundo vão se reconciliar".[2]

Este é em síntese o mistério de nossa fé, que tem seu ponto decisivo na morte e ressurreição de Jesus: a transformação pascal acontecendo e envolvendo todas as coisas. O mistério pascal é o mistério do amor de Deus, Pai e Filho e Espírito Santo, atuando dinamicamente em toda a realidade: criando e recriando, perdoando, salvando, resgatando, unindo, renovando e plenificando tudo no amor. E nós, discípulos e discípulas de Jesus, membros do Corpo de Cristo, somos enviados no meio do mundo como testemunhas dessa transformação pascal. A missão não consiste em convencer e converter os "outros" à nossa religião, mas em reconhecer neles a presença do Espírito de Deus e dialogar. O Espírito é universal, porque o Amor é universal e não conhece fronteiras geográficas, culturais, sociopolíticas, religiosas.

---

[1] Ef 1,3-10, versão cantada, *Ofício Divino das Comunidades*, p. 255-256.
[2] Cl 1,12-20, versão cantada, *Ofício Divino das Comunidades*, p. 257-258.

E qual é propriamente a função da liturgia em tudo isso? A SC destacou a relação entre a liturgia e a história, sendo a liturgia *memorial* das ações salvadoras realizadas por Deus ao longo da história do povo de Deus no passado e atualizadas ritualmente na celebração litúrgica. A GS, no entanto, chama a atenção para a salvação realizada por Deus nos acontecimentos *atuais* da história pessoal, comunitária, mundial, cósmica. A SC descreve a liturgia como a *celebração do mistério pascal* e fala da presença pascal transformadora de Cristo *nas ações litúrgicas*. A GS aponta para o mistério pascal como sendo um acontecimento cósmico e histórico, que *perpassa toda a realidade*. Portanto, a liturgia terá que levar em conta e *expressar* essa dimensão atual da salvação apontada pela GS; deverá chamar a atenção para os "sinais dos tempos" e explicitar a *passagem (Páscoa) salvadora* de Deus nesses acontecimentos atuais. Surge, então, o desafio: como sintonizar cada celebração litúrgica com a realidade de cada momento histórico, de cada grupo humano, e como *reconhecer* e *expressar* o mistério pascal presente e atuante nessas realidades? Além disso, podemos dizer que a GS retoma a noção bíblica de *compromisso*, implícito na celebração memorial: a participação no memorial de Cristo, a celebração de seu mistério pascal, nos reenvia sempre de novo à missão no meio do mundo, na história atual. Como garantir e otimizar esse compromisso na missão por parte dos participantes das celebrações litúrgicas?

A SC recuperou o conceito bíblico de "povo de Deus", "povo sacerdotal", sujeito das celebrações litúrgicas (cf. SC 14 e 26), Corpo de Cristo Sacerdote, no Espírito Santo, oferecendo a Deus, na liturgia, o culto público e integral (cf. SC 7). No entanto, documentos conciliares posteriores fazem uso do mesmo vocabulário cultual (sacerdócio e culto), referindo-se a *atividades não cúlticas*, ou seja, às atividades geralmente consideradas como "profanas". Os cristãos leigos e leigas participam do múnus (função) sacerdotal de Jesus Cristo e exercem esse sacerdócio – chamado de sacerdócio dos batizados – antes de tudo pelo "culto espiritual", isto é, pela vida cotidiana, profissional, social, política... vivida no Espírito. O sacerdócio vivido "no mundo tem seu ponto culminante na ação sacerdotal do povo de Deus na Eucaristia, onde tudo é oferecido ao Pai, juntamente com a oferta (oblação) do Corpo de Cristo". A vida vivida como culto espiritual, simbolizada no pão e no vinho, é a "matéria" de nossa oferta eucarística, inserida no memorial da oferta do próprio Cristo. Por isso, podemos dizer que, como povo de Deus sacerdotal, "consagramos a Deus o próprio mundo" (cf. LG 34 e GS 38). Quem vai à missa sem ter essa consciência e sem essa prática da vida cotidiana no Espírito acaba não participando de verdade da Eucaristia, sendo apenas um "estranho ou espectador mudo" de um rito, sem ter a consciência do mistério que este contém e que nele celebramos (cf. SC 48).

Portanto, a oferta do sacrifício de nossa vida, juntamente com a oferta de Jesus Cristo, na celebração eucarística, assim como no ofício divino, supõe o sacrifício vivido no dia a dia em todas as realidades e atividades da vida. Não se pode separar o sacerdócio na liturgia do sacerdócio no "mundo", nem separar o culto em sua expressão litúrgico-ritual da liturgia do culto existencial vivido ao longo do dia. Ou seja, há uma complementaridade entre o culto celebrado e o culto vivido no cotidiano, assim como entre nossa ação sacerdotal na liturgia e nossa ação como sacerdotes no mundo (e do mundo).

De nada adianta, então, multiplicar celebrações litúrgicas sem que haja uma contrapartida na "vida" a serviço do crescimento do Reino no mundo. O contrário também é verdadeiro: nenhuma pessoa cristã deveria atuar na missão, sem expressar e atualizar constantemente sua fé pela participação no mistério de Cristo celebrado na liturgia.

A SC é bem clara ao afirmar que "a liturgia é o cume para o qual tende a ação da Igreja e, ao mesmo tempo, a fonte donde emana toda a sua força" (SC 10). E explicita o duplo movimento que vai dos "trabalhos apostólicos" à participação comunitária nas celebrações litúrgicas e, em seguida, da liturgia para a atuação na sociedade:

> A própria liturgia, por sua vez, impele os fiéis, que, "saciados dos sacramentos pascais, permaneçamos unidos no vosso amor"[3] [isto é, no amor de Deus]; reza que "conservem em suas vidas o que receberam pela fé"; a renovação da Aliança do Senhor com a humanidade na Eucaristia solicita e estimula os fiéis para a caridade imperiosa de Cristo (SC 10).[4]

Na prática, porém, muitas vezes falta em nossas celebrações litúrgicas a referência à missão. E falta na missão o embasamento vital na liturgia.

---

[3] Oração pós-comunhão da vigília pascal, na tradução brasileira do Missal Romano.
[4] Trad. Vozes, 1966.

III. Aprendendo com os discípulos de Emaús: encontro, conversa, ceia, missão

Uma passagem do evangelho de Lucas narra o encontro de dois discípulos de Emaús com o Ressuscitado (Lc 24,13-35). Esse relato poderá certamente inspirar-nos e ajudar a ligar, na prática celebrativa, liturgia e vida. Os dois – talvez tenham sido um casal? – deixam Jerusalém, desesperançados, depois da execução de Jesus à morte de cruz. No caminho, conversam e tentam entender tudo o que aconteceu. Uma terceira pessoa se aproxima e indaga sobre o assunto da conversa. Os dois contam da esperança que os animava e como agora tudo acabou com a morte de Jesus. Depois, o estranho que se juntou a eles – o próprio Cristo ressuscitado – lhes faz compreender o sentido dos acontecimentos, recorrendo às Sagradas Escrituras.

Certamente podemos dizer que aí está o roteiro de uma boa liturgia da Palavra: a retomada dos acontecimentos provocando um aprofundamento e uma nova interpretação das Escrituras e estas por sua vez iluminando e dando a entender o sentido profundo dos fatos da vida. Três elementos interligados: a recordação da vida, as leituras bíblicas e a homilia. Estes três são completados com o canto de um salmo e com a oração dos fiéis; em algumas ocasiões, também com a profissão de fé. Tudo isso, no Sopro do Espírito do Ressuscitado. O objetivo: ajudar-nos a perceber a presença transformadora e o chamado do Senhor nos acontecimentos da vida pessoal, social, mundial... e apontar os rumos de nossa vida, trabalho e missão.

Se a liturgia é "cume e fonte" da vida dos cristãos imersos na realidade, então, não há como ignorar durante a celebração litúrgica o que está acontecendo no mundo. Como assembleia litúrgica, representamos a humanidade inteira, todos os povos e culturas. Somos, em Cristo e no Espírito, *sacramento* da unidade de todo o gênero humano (cf. LG 1). Viemos carregados das alegrias e esperanças, tristezas e angústias, principalmente dos pobres (cf. GS 1). Somos os cento e quarenta e quatro mil do Apocalipse (14,1-3) reunidos ao redor do Trono e do Cordeiro. Somos povo de Deus convocado e reunido pelo Espírito para louvar e agradecer, para escutar e interpretar a Palavra a partir dos acontecimentos, para recordar ao redor do Livro e da Mesa Aquele que quer salvar o mundo da morte e levá-lo à vida, e, por isso, nos envia em missão.

Depois da conversa no caminho, Jesus aceita o convite para hospedar-se na casa dos dois discípulos e... na hora da ceia o reconhecem na "fração do pão", isto é, na ação eucarística. Aqui também, na liturgia eucarística, três momentos fundamentais, seguindo os gestos de Jesus na última ceia: trazemos o pão e o vinho, pronunciamos a bênção de ação de graças e oferta, partimos e partilhamos o pão e bebemos do cálice com vinho. Sempre os mesmos gestos e as mesmas palavras. Porém, a cada vez carregadas de novas realidades, nova compreensão, novo compromisso.

No pão e no vinho reconhecemos e apresentamos todas as forças cósmicas que contribuíram para o cultivo do trigo e das uvas, assim como o trabalho e o conhecimento adquirido ao longo de séculos na agricultura, na produção e na comercialização do pão e do vinho. Apresentamos a alegria de quem tem o que comer e a angústia de quem não tem o necessário para viver e alimentar seus filhos e filhas. Apresentamos os esforços dos pesquisadores e técnicos de todas as áreas do conhecimento para eliminar fome, miséria, doenças, desigualdades sociais...

Na oração eucarística, associamos à memória de Jesus nossa vida vivida como culto espiritual, como entrega a Deus, como oferta para a salvação do mundo: "Celebrando, pois, a memória da morte e ressurreição de vosso Filho, nós vos oferecemos, ó Pai, o pão da vida e o cálice da salvação..." (Oração Eucarística, 2). E incluimos também nessa oferta a vida de todas as pessoas, os gestos de amor, bondade, reconciliação, perdão, gratuidade, o sofrimento no trabalho incansável pela inclusão social... Pois reconhecemos que a graça de Deus atua ocultamente não somente nos cristãos, mas em todas as pessoas de boa vontade e que "o Espírito Santo de Deus dá a todas as pessoas a possibilidade de se associarem a esse mistério pascal por um modo só de Deus conhecido" (GS 22).

Na fração do pão e na partilha do pão e do vinho ensaiamos, sempre de novo, o gesto que sintetiza a vida de Jesus e de seus seguidores: dar a vida, partilhar, repartir... O pão é rompido em várias partes, e todos recebemos um pedaço desse único pão e um gole desse único cálice, significando nossa profunda união em Cristo (cf. 1Cor 10,16-17). Prestando atenção a esse gesto em cada celebração eucarística, aprendemos a não guardar nada para nós mesmos, mas a partilhar, para que não haja necessitados entre nós, na sociedade (cf. At 4,34). Assim, o corpo sacramental de Cristo nos é dado em comunhão para que, em Cristo e no Espírito, nos tornemos o corpo eclesial de Cristo, a *com-unidade*; e esta por sua vez, ajude a formar o "corpo social", superando qualquer discriminação ou exclusão. Aqui, de novo, não há como interpretar a comunhão eucarística como um gesto individual desligado da missão na sociedade, sem truncar o sentido deixado por Jesus. A comunhão no corpo e no sangue de Jesus *entregue* por todos pede de cada pessoa comungante a mesma disposição, a mesma entrega para que cresça a sociedade igualitária, a mesma opção pelos pobres, para que o Reino aconteça.

E no final do encontro com o Ressuscitado com a partilha da Palavra e do Pão e do Vinho, voltamos a "Jerusalém", à missão, com o coração ardendo e a compreensão dilatada a partir do encontro com o Ressuscitado.

Porém...

Na prática, onde encontrar liturgias que, de fato, estejam atentas à presença do Espírito na vida, no mundo, nas relações pessoais e sociais? Onde encontrar comunidades (e não apenas aglomeração de "fiéis avulsos") conscientes do mistério de Deus, do mistério da transformação pascal operada por Cristo e pelo Espírito na realidade do mundo e que se colocam a serviço da transformação pascal na sociedade? O que pensar da volta do clericalismo, de curas e promessas, da devoção aos santos, da multiplicação de liturgias sem incidência na transformação pessoal e social, ou de liturgias feito "show", "teatro" ou "circo" para atrair o "público"? O que sobrou da pretendida reforma eclesial e litúrgica do Concílio Vaticano II? Quem será capaz de manter a chama acesa e de reavivar o fogo místico da liturgia e da missão?

Missão como êxodo pascal

Da missão *ad gentes* à missão *intergentes*, no mundo contemporâneo de desajustes

*Joachim Andrade**

A missão, na atualidade, tornou-se uma atividade muito complexa e desafiadora para a Igreja. Depois de 50 anos do Concílio, a própria realidade mundial nos pede que devemos mudar os nossos rumos de atividade missionária. As raízes da missão se encontram no contexto geográfico nos tempos remotos. Desde então a missão assumiu as diversas fases, "exclusivista", "inclusivista" e "pluralista", e todas essas compreensões, embutidas dentro de um único conceito chamado: missão *ad gentes*. Esse conceito, hoje, está dando passo à missão *intergentes* que, por sua vez, está trazendo novas compreensões para a atividade missionária no mundo contemporâneo.

---

* Joachim Andrade, svd, é indiano, missionário do Verbo Divino, radicado em Curitiba. Mestre em Antropologia Social pela UFPR e doutor em Ciências da Religião pela PUC de São Paulo. Atualmente é professor no StudiumTheologicum e na Faculdade Vicentina em Curitiba.

Introdução

A missiologia, em seu conceito etimológico, pode ser descrita como "estudo da missão", uma atividade tão antiga como a Bíblia, mas reconhecida como disciplina acadêmica somente há 150 anos. A palavra missão, enquanto termo técnico, vista como uma atividade específica de difusão da fé entre os não cristãos, surgiu na época de expansão e de conquista do Ocidente cristão, a partir da descoberta da América. Desde então a atividade missionária passou por diversas compreensões: atividade para acolher as ovelhas perdidas para o caminho correto; apresentar Jesus como verdadeira luz da revelação para as outras culturas e religiões; converter as pessoas para a tradição cristã etc. Somente depois do Concílio Vaticano II, a atividade missionária foi contemplada com diversas formas de relações. A partir dessa visão, a missão hoje é compreendida como uma relação entre naturezas diferentes. Relação de Deus entre si, chamada de relação trinitária; relação de Deus para com a humanidade; relação da Igreja para com as outras tradições e a relação entre os membros da mesma Igreja.

Por causa das tendências nomádicas e dos desajustes do mundo contemporâneo, essas relações passam por problemas de fidelidade e compromissos. O mundo atual apresenta velocidade no campo de informação e tecnologia, existem novas ideias e novas formas de ser; convivemos com a diversidade cultural, étnico e religioso. Parece-me que somos a primeira geração para usufruir os benefícios em todos os campos. Dentro desse universo tão complexo, uma análise sobre o Concílio Vaticano II e apresentar a passagem da missão *ad gentes* à intergentes não é uma tarefa fácil. Todavia, o contexto atual da Igreja exige dos teólogos e missiólogos uma leitura clara dos tempos e estabelecer uma ponte entre a Igreja e o mundo contemporâneo. A missão *ad gentes* aponta para uma atividade de levar a Boa-Nova aos territórios geográficos distantes onde Jesus é desconhecido, apresentada a partir da superioridade tanto da revelação como do conteúdo religioso. A missão intergentes mostra a dimensão da troca e da partilha com o outro, valorização do outro, de sua cultura e religião, onde tanto o evangelizador como o evangelizado são vistos como iguais.

Pretende-se neste artigo, num primeiro momento, resgatar as raízes da missão que se encontra em três contextos-chave: geográfico, espiritual e histórico. Num segundo momento apresentaremos a compreensão da missão durante o período do casamento entre a Igreja e o Estado, que se estendeu até os tempos do Concílio Vaticano II. Em seguida será abordada a formulação do Decreto *ad gentes* e sua análise sobre a natureza missionária da Igreja. Por fim, mostraremos a eventual passagem da missão *ad gentes* para a missão intergentes, observando a crise do mundo simbólico agrário e do mundo contemporâneo de desajustes. Pretendemos oferecer também algumas pistas concretas de como aproximar aos contextos atuais da missão.

1. Três contextos-chave do processo da missão *ad gentes*

No modo geral consideramos Pentecostes como ponto de partida para missão cristã. Mas nos últimos anos as pesquisas antropológicas e missiológicos apresentam as raízes da missão que estão em outro lugar, nos tempos remotos e em contextos diversos. O primeiro deles se encontra na região geográfica. Justificamos.

1.1. Contexto geográfico

Um olhar antropológico nos sugere que um vasto conteúdo moral, espiritual e ritualístico das tradições religiosas é proveniente de determinados contextos geográficos. A construção dos centros sagrados e lugares de peregrinação, assim como a elaboração dos ritos e a prática de determinados costumes, fornecem uma ideia clara da relação da religião com a paisagem geográfica na qual ela nasce.[1]

A natureza é variada, portanto, o processo relacional do ser humano com ela também é variado. Recorremos à tradição tâmil,[2] uma das mais antigas do sul da Índia e que pode ser o ponto de partida para nossa abordagem. De acordo com essa tradição, toda a Terra encontrava-se dividida em cinco regiões:[3] montanha, floresta, campos férteis, costa e deserto árido. Cada tipo de terreno sustentava fauna e flora características, assim como modos de vida e de sobrevivência próprios. Essas regiões condicionavam os modos como as pessoas viviam e as emoções

---

[1] Para adquirir mais informações sobre a influência da geografia sobre a religião, conferir o artigo: ANDRADE, Joachim. Deus do deserto, Deus do vale: a Geografia como ponto de partida para a compreensão do Fenômeno Religioso. *Interações: Cultura e comunidade. Revista de Ciências da Religião*, Faculdade Católica de Uberlândia, v. 5, n. 7, p. 13-38, jan./jun. 2010.

[2] A palavra "tamil" ou "tâmil" possui múltiplos significados: 1. Indica o povo que vive em um dos estados da Índia chamado Tamil Nadu; 2. O povo dravidiano, que foi expulso do norte da Índia pelos árias para sudoeste e sul e também para o Sri Lanka; 3. A língua mais antiga da Índia, atualmente falada nas porções sudoeste e sul do país e também no Sri Lanka.

[3] É evidente que a tradição tamil não aponta para paisagens como a do gelo da Sibéria ou dos altiplanos da Patagônia.

que expressavam. Partindo dessas contingências, cada região elabora um universo cultural que favorece um gênero especial de relação amorosa, um estilo musical particular e até mesmo os aspectos da divindade. Por exemplo: as montanhas promovem a união entre os amantes; as regiões florestais encorajam a vida em comunidade; os campos férteis fornecem ao mesmo tempo o contexto para a infidelidade e para o enfado; a região costeira evoca a separação do amante distante; e o deserto aponta para as dificuldades encontradas pelos casais em fuga, separados de seus pais.

O desenvolvimento da cultura nos mostra que cada uma dessas regiões abrigou a civilização desde tempos imemoriais e que o ser humano era obrigado a manter o contato com todas elas, o que, por sua vez, possibilitou a elaboração de distintos conteúdos: religioso, cultural, moral e social; cosmovisões distintas e relações de parentesco específicas. Um olhar minucioso sobre cada uma dessas regiões apresentará as diferenças nítidas que existem entre elas.

O deserto, por exemplo, devido à dureza da vida cotidiana, falta da vegetação, escassez de comida, medo dos ataques do eventual inimigo e a própria instabilidade provocada pela amplidão geográfica exige a elaboração de uma cultura nômade que busca estabilidade. Essa realidade levou os nômades a elaborarem um conteúdo religioso que apresenta Deus como transcendentemente distante e tremendamente exigente de fidelidade e submissão de seus fiéis.

Nesse contexto geográfico encontramos as pistas da missão. O deserto sempre promoveu o sair de si, principalmente sair do lugar para o outro em busca da estabilidade, como acontece no caso de Abraão. O pai da nossa fé, Abraão, a princípio saiu do Ur não porque Deus o chama, mas a própria fome o empurra em busca de um lugar adequado onde existem condições de sobrevivência ou onde "corre leite e mel". É claro que os sábios hebreus, mais tarde, conseguiram ver a mão de Deus nessa saída de Abraão. Nessa viagem inicial de Abraão encontramos as pistas das nossas saídas missionárias. As religiões nascidas em outros ambientes geográficos não desenvolveram essas tendências de sair para outros lugares. Observando a história percebemos que a difusão e imposição da doutrina são de duas tradições: o cristianismo e o islã, ambas provêm das raízes desérticas, local do seu surgimento.[4]

1.2. Contexto espiritual

O segundo contexto, denominado como espiritual, que provém de uma experiência mística dos grupos diferentes em épocas e contextos diferentes. Analisamos duas experiências: uma do AT, que é a experiência mística do Monte Sinai, a qual se encontra vinculada à realidade da escravidão e a eventual saída do Egito, chamada de Êxodo Pascal. A segunda é do NT e vinculada à experiência de Pentecostes dos apóstolos, que promoveu a vertente missionária.

No Êxodo Pascal, observamos duas tendências: a primeira é fenomênica; uma experiência real do sofrimento no Egito que levou o povo hebreu a colocar na boca de Deus: "Eu vi muito bem a miséria do meu povo que está no Egito. Ouvi o seu clamor contra seus opressores,

---

[4] O judaísmo, apesar do seu nascimento no deserto, inicialmente teve a possibilidade nômade, mas mais tarde a perdeu, sendo que o cristianismo e islã cresceram tanto pela dominação política como religiosa.

e conheço os seus sofrimentos" (Ex 3,7). As duas experiências empíricas: "ver" a realidade e "ouvir" o clamor são transferidas para Deus, assim criando a possibilidade da libertação, o "sair" com a liderança de Moisés. A segunda se encontra na experiência mística do Monte Sinai. Estando fora do Egito, o povo se sente mais seguro, tendo a sensação de fartura, tanto na comida quanto nas terras fecundas, e começa a desviar-se dos propósitos originais. Nessa situação, Moisés se sente deslocado, perde o controle do grupo que até então dominava. O mecanismo utilizado para manter o domínio sobre o grupo foi o código moral-espiritual: a entrega do Decálogo no Monte Sinai, que mais tarde se tornou o marco fundamental para a tradição judaica. Deus protegerá o povo se permanecer fiel a Ele. A partir disso, percebemos que no AT a missão é vista como "convite" à fidelidade. Ao longo dos anos, no processo da estruturação da tradição judaica, especificamente durante o tempo de Salomão, o Monte Sinai foi substituído pelo templo, construído em Jerusalém onde todos foram convidados para fazer a experiência mística de Deus, consequentemente da fidelidade. Como diz a Bíblia:

> Mesmo o estrangeiro, que não pertence a Israel teu povo, se vier de um país longínquo por causa da grandeza do teu Nome, [...] quando vier orar nesta casa, escuta do céu onde resides, atende todos os pedidos do estrangeiro, a fim de que todos os povos da terra reconheçam teu Nome e te temam como faz Israel, teu povo (2Cr 6,32s).

O NT apresenta a festa de Pentecostes como experiência fundamental a ser partilhada para com outro. Um pequeno grupo de discípulos de Jesus, depois de sua crucifixão, foi rejeitado e perseguido pelos líderes conservadores da religião tradicional. Encontrava-se escondido e cheio de medo, e de repente se sentiu encorajado pela visita do próprio Jesus ressuscitado, que é denominada como a experiência de Pentecostes. A cidade de Jerusalém, sendo o corredor do comércio entre Oriente, África e Ásia Menor, possuía a diversidade étnica e cultural, pois lá se encontravam povos de todas as regiões próximas (At 2,9-10). Além disso, esse grupo de discípulos percebeu que não haveria a possibilidade de partilhar a experiência de Pentecostes com a classe conservadora de Jerusalém, então partiu para as outras regiões, para Ásia Menor, Grécia, Roma e outros cantos do mundo. Nesse caso, a missão não é mais o "convite" como a do AT, mas é o "envio" aos confins do mundo.

1.3. Contexto histórico

O contexto histórico da missão remete ao século IV do Império Romano. Por trezentos anos a experiência de Pentecostes foi transmitida na periferia de grandes centros e com as pessoas humildes. Mas no ano 315, quando o imperador Constantino se tornou adepto dessa doutrina e com ele todo o Estado, a experiência de Pentecostes recebe uma nova conotação da missão *ad gentes*. Agora, com o apoio do Estado, a Igreja, que até agora era insignificante, veio a ser pública, não sentia mais medo, desenvolveu a dimensão da superioridade e enviou seus agentes para diversos cantos do mundo com seus reis colonizadores. Apesar dessa dominação e influência da Igreja sobre os povos, devemos reconhecer que também houve a influência dos povos sobre a Igreja. Como observa Amin Maalouf:

A partir do momento em que, no século IV, o Império Romano se cristianizou, o cristianismo romanizou enormemente. Essa circunstância histórica é o que, de início, explica a emergência de um papado soberano. Numa perspectiva mais ampla, se o cristianismo contribuiu para fazer da Europa o que ela é, a Europa igualmente contribuiu para fazer do cristianismo o que ele é. Os dois pilares da civilização ocidental, que são o Direito Romano e a democracia ateniense, são ambos anteriores ao cristianismo (MAALOUF, 2011: 227).

Desde o casamento entre Igreja e Estado, o cristianismo iniciou sua missão em grandes centros urbanos do Império Romano. O povo do campo – os pagani –, como muitas vezes bem falou a língua franca do Império, o grego e mais tarde o latim, tornou-se sinônimo de não batizados, pagãos, de sincretismo religioso e atraso cultural. Os pagãos dos territórios conquistados não assimilaram facilmente a religião e cultura do Império. Por um lado, os pagãos foram considerados radicalmente perdidos nas trevas de sua ignorância religiosa; por outro lado, sua maneira de viver representava uma "preparação evangélica" e "uma pedagogia para Cristo". Entre esses dois extremos da rejeição e da assunção, moveu-se a história da missão, por vezes destruindo, por vezes assumindo antigas tradições culturais e religiosas dos povos. Assim percebemos que as grandes áreas geográficas nunca se converteram sem vinculação da ação missionária ao poder político da respectiva região, pois a conversão religiosa em grande escala era normalmente acompanhada por uma rendição ou assunção política.

Durante o reinado do Carlos Magno, o anúncio do Evangelho concretizou-se com agressões militares que arrasavam e impunham com a espada novas leis, novos reis e novos deuses. A queda de "Constantinopla" nas mãos dos turcos no ano 1453 fechou a rota do comércio para as Índias e para a China, dando origem às descobertas de novos caminhos para colonizadores. A missão cristã foi cúmplice e parceria estratégica de uma aventura de opressão ao longo da colonização. Os jesuítas da época caracterizaram a evangelização entre os pagãos e, ao mesmo tempo, apoiando os projetos coloniais espanhóis e portugueses. Assim a missão ficou definitivamente encravada na experiência colonial, e nesse contexto a missão pressupõe a colonização ocidental dos territórios ultramarinos e a submissão de seus habitantes.

Em tempos mais recentes, especificamente no século XIX, houve uma mudança na concepção da missão, sendo que ela era ligada a um progressivo expansionismo dos estados-nação emergentes. Como resume Raschietti:

> Enquanto nas épocas anteriores o fator que motivava a missão cristã era essencialmente religioso (salvar as almas), agora avança progressivamente uma ênfase sociocultural, muito mais preocupada com a civilização das gentes. Os civilizados não se sentem apenas superiores aos não civilizados, mas também responsáveis por eles, ao ponto de saber o que é bom para os outros e impô-lo aos demais (RASCHIETTI, 2011:9).

2. Concílio Vaticano II: elaboração do Decreto *Ad Gentes*

Duas guerras mundiais se passaram, mas os efeitos delas ainda eram visíveis, principalmente na sociedade europeia. A dimensão da fé e da religião foi a mais afetada. As Igrejas começaram a se esvaziar. A vida começou a perder o sentido e, consequentemente, a fé em Deus entrou em crise. Observamos esse fenômeno na atitude filosófica apresentada pelo existencialismo. Então surgiram diversas escolas filosóficas: escola de Frankfurt e de Viena, tentando explicar o absurdo da vida. Nessa mesma época houve uma luta simultânea em diversos países colonizados, tanto na Ásia como na África, pela independência dos colonizadores europeus. Além disso, era a época do início dos avanços tecnológicos e da modernidade. Todos esses fatores levaram a Igreja a pensar e revisar os rumos de suas atividades missionárias.

Então veio o anúncio do Vaticano II, na festa da conversão do Apóstolo Paulo, dia 25 de janeiro de 1959, na Basílica de São Paulo Extramuros, apresentando um profundo significado simbólico. A data, lugar e pessoa escolhidos pelo Papa João XXIII apontam para o propósito de reconstruir uma Igreja com atitude de conversão; apontam para uma Igreja apostólica, cuja atividade missionária se torna responsabilidade redentora para com toda a humanidade, e para uma Igreja cuja identidade não está demarcada por muros. A Igreja encontra a si mesma, exatamente, "fora dos muros". Como colocar a Igreja em dia com o mundo e com uma nova consciência histórica, e inseri-la na realidade de hoje? Inserção na realidade, consciência histórica, contemporaneidade, sem concessões aos modismos, e visão utópica delineiam o campo semântico do *aggiornamento* (SUESS, 2007).

Depois de passar por diversas comissões e peritos, o texto definitivo do "Decreto *Ad Gentes* sobre a atividade missionária da Igreja" ainda precedeu sete documentos, que permitiram acompanhar as lutas pelo significado do paradigma "missão" e o processo lento da construção de um consenso em torno de uma Igreja que não põe mais no centro seus territórios missionários, mas o ser missionário. Por fim, na votação final, antes da promulgação, no dia 7 de dezembro de 1965, o "Decreto Ad Gentes sobre a atividade missionária" recebeu 2.314 votos "sim" e apenas 5 votos "não". O novo texto encontra-se elaborado e dividido em cinco capítulos: 1) Princípios doutrinários; 2) Obra missionária; 3) Os missionários; 4) Organização da atividade missionária; e 5) Cooperação com os missionários.

Assim se percebe que a teologia da missão do Vaticano II não nasceu no canteiro de obras do Decreto Ad Gentes. A teologia da missão, no Vaticano II, emergiu de campos teológicos respaldados por novas práticas pastorais. Essas práticas, por muito tempo contestadas no interior da Igreja Católica, na hora do Concílio se impuseram como autênticas leituras dos sinais de Deus no tempo. Emergiram, concretamente, nos campos eclesiológico-pastorais, litúrgicos e ecumênicos. Novas práticas em curso foram consideradas práticas fora do âmbito da Congregação pela Propagação da Fé, sem conexão com a visão clássica da missão. Surgiram novas preocupações: como colocar a Igreja em dia no mundo contemporâneo de modernidade, como dialogar com a nova realidade do mundo? Desses questionamentos surgiu a passagem da missão territorial para a essência missionária da Igreja Povo de Deus. Essa essência tem a sua origem no Deus Uno e Trino. A centralidade de Deus, sua proximidade com os pobres e sua verdade que liberta exigem da Igreja uma natureza profética diante do anteprojeto do reino do pão não partilhado, do poder que não se configura como serviço, do privilégio que favorece a acumulação e do prestígio que organiza eventos de ostentação em vez de articular processos de transformação. No interior desse panorama apareceu nova compreensão da missão *ad gentes*.

3. Compreensão da missão *ad gentes*

A novidade do Concílio Vaticano II foi o surgimento do novo paradigma da missão que é a passagem da territorialidade da missão à essência missionária da Igreja. Com o Vaticano II, a Igreja não conseguiu livrar-se totalmente do peso que acumulou nos séculos de cristandade e colonização. O Concílio, porém, iniciou processos de descobrir a natureza missionária e livrar a missão de fixações a territórios geográficos. A partir dessa natureza, procurou reconstruir a sua identidade como povo de Deus, povo messiânico e peregrino. Nesse processo de redefinir a missão, observa-se um deslocamento de uma Igreja que tem missões territoriais, pelas quais faz coletas e pede orações, para uma Igreja na qual a missionariedade representa a orientação fundamental de todas as suas atividades.

Na atualidade podemos dizer que a Igreja está vivendo um momento de graça, pois a missão dela é vivida intensamente nas situações missionárias internas e, sempre mais, está se abrindo em sua dimensão universal. A missão é um chamado a responder muitos desafios, entre os quais o maior é a globalização excludente. A missão é um caminho no despojamento e na pobreza, é itinerância e busca, é proclamação de esperança e denúncia de toda injustiça, é escuta e testemunho e, enfim, é uma radical entrega da própria vida ao projeto de Deus. A missão universal quer abranger todos, sem excluir ninguém, a partir da diversidade das culturas e dos povos.

A universalidade da missão apresentada na expressão *ad gentes*, em primeiro lugar, indica o mandato explícito de Jesus de anunciar a Boa-Nova a toda humanidade, e a vontade de Deus de salvar todos os seres humanos. A compreensão do anúncio possui duas vertentes, sendo que a primeira tem por alvo o povo eleito, aqueles que aderiram à fé na pessoa de Jesus, os cristãos. A segunda vertente direciona-se aos pagãos, principalmente àqueles que não conhecem Jesus. Mas, como observa Raschietti, a missão aos povos na mudança de época exige, como preconiza o Concílio Vaticano II, a instauração de "uma ordem de relações humanas" que, por sua vez, convoca a Igreja para um "novo Pentecostes" e "um salto adiante" capaz de recriar uma nova e "simpática relação com a humanidade, a fim de colocá-la em contato com as energias vivificadoras e perenes do Evangelho, sobretudo através do compromisso com a justiça, a paz e a unidade dos cristãos e da família humana universal" (RASCHIETTI, 2011: 11).

A missão sempre é compreendida como atividade de uma comunidade eclesial em defesa do bem-estar da vida de todos os povos. A inspiração para essa missão vem do próprio Deus, envolvendo não somente sua imagem abstrata, mas a de Deus Emanuel, que se encarnou e viveu como nós. A missão é histórica, pois ela possui a herança do passado, a experiência do presente e a visão do futuro. É nesse sentido que se compreende a natureza missionária da Igreja e ela mesma se firma como Igreja de Deus, quando coloca como centro de suas preocupações não a si mesma, mas o Reino que ela anuncia como libertação de todos, para que vivam em plena comunhão com Deus e entre si (DGAE/1995, n 64, citado pelo SUESS, 2007: 16).

No interior da "natureza missionária", a Igreja não vive para si, pois ela tem a tarefa de "convocar e enviar servos e testemunhas do Reino". Para isso, a Igreja envia seus servos, que são santos e pecadores, para articular, universalmente, os povos numa grande rede de solidariedade. Desse envio nascem comunidades pascais que tentam contextualizar a utopia do primeiro dia da nova criação. A partir dessas comunidades, como mostra Paulo Suess, nasce o envio, a missão, com seus dois movimentos, a *diástole*, como envio à periferia do mundo, e a *sístole*, que convoca, a partir dessa periferia, para a libertação do centro, o coração da Igreja. Sob a senha do Reino, ela propõe um mundo sem periferia e sem centro.

4. Contexto da missão *inter gentes*

Essa ideia de criar um mundo sem centro e sem periferia parece estar desafiada pelo contexto atual do mundo. Estamos no mundo do relativismo onde tudo é passageiro e tudo está em mudança, e nada parece ser permanente. Apontamos duas observações: o mundo em desajuste e a crise dos símbolos agrários que deram a origem e sustentaram as grandes religiões por dois milênios.

4.1. O mundo em desajuste

Ao entrarmos no novo século percebemos que estamos sem bússola, pois nos primeiros anos do século XXI o mundo tem apresentado vários sinais de desajuste, e isso é visto em diversas áreas ao mesmo tempo: desajuste intelectual, desajuste financeiro, desajuste climático, desajuste geopolítico, desajuste étnico, desajuste familiar e desajuste religioso. As razões desse desajuste estão em como Maalouf diz:

Desajuste intelectual caracterizado por uma torrente de afirmações identitárias que torna difícil qualquer coexistência harmoniosa e qualquer combate verdadeiro. Desajuste econômico e financeiro que leva todo o planeta a uma zona de turbulência de consequências imprevisíveis e é sintoma de uma perturbação de nosso sistema de valores. Desajuste climático, resultante de uma longa prática da irresponsabilidade. Desajuste geopolítico devido à concentração do poder em algumas mãos que determinam como deveria ser o mundo (MAALOUF: 2011: 11).

Esses desajustes do mundo apresentam o esgotamento simultâneo de todas as nossas civilizações – sobretudo dos quatro universos culturais a que ele pertence, isto é: o Ocidente, o Oriente, o mundo árabe e o mundo africano – o que podemos articular como uma "guerra das civilizações". O Ocidente não se mantém fiel aos seus próprios valores e o Oriente vive no mundo ilusório, atribuindo tudo ao campo religioso; o mundo árabe se isola num impasse histórico e a África vive nos conflitos e na eterna pobreza.

O desajuste mundial também se reflete no campo religioso, inclusive dentro da própria Igreja, especialmente com os agentes da missão. A incoerência e incapacidade de adaptar-se aos novos tempos e ambientes deixou a Igreja sem apresentar uma bússola espiritual ao mundo; a falta de visão e sonhos deixou os agentes da missão sem rumo e sem ponto de referência. Então se iniciou o processo dentro da Igreja de buscar novos caminhos para se ajustar aos tempos atuais e apresentar uma bússola espiritual ao mundo.

4.2. A crise dos símbolos agrários

A crise dos símbolos agrários se encontra no fenômeno observado pelo Karl Jaspers, que chamou os anos entre 800 e 200 a.C. de "tempo axial", sendo o momento em que se transformou a consciência do ser humano e surgiu uma nova consciência religiosa da humanidade, que se deu em toda a franja de realizações filosófico-religiosas da época, desde os filósofos da Grécia, os profetas de Israel, Zaratustra na Pérsia, Confúcio e Lao-tse na China, os *Upanishadas* e Buda na Índia. Todas as grandes tradições das religiões derivaram direta ou indiretamente do conteúdo religioso desse período axial.

Essas religiões são a plasmação concreta da religiosidade humana correspondente à idade agrária, neolítica; por isso é que hoje estão em crise, porque a mudança que a sociedade atual está experimentando consiste precisamente nisso: está-se acabando a sociedade agrária que vem do neolítico. Os últimos trezentos anos de industrialização foram o preâmbulo da grande crise atual, provocada pela chegada do fim da sociedade agrária, impulsionada pela sociedade do conhecimento que já está se formando. As religiões agrárias não são representativas da espiritualidade do ser humano, mas reproduzem uma espiritualidade assumida pela sociedade agrária. Como aponta Vigil Maria:

> As "religiões" (agrárias) são fundamentalmente a configuração sócio-histórica concreta que a sociedade humana adotou com o período agrário, articuladas sobre a base das "crenças", e incluindo em si mesmas a função de "programar" a sociedade precisamente mediante o mecanismo da "submissão" do ser humano nas crenças (VIGIL, 2011:35).

Mas o mundo atual se encontra na sociedade de conhecimento, ninguém sabe quanto tempo vai durar, estamos nela e um futuro "não religional" começa a se fazer presente em muitos lugares: de maneira clara e chamativa na Europa, mas também um pouco por todo o planeta. A humanidade continuará sendo "religiosa" no sentido de "espiritual", mas tudo indica que as religiões agrárias irão agonizando ao ritmo da própria superação do período agrário e da implementação da sociedade do conhecimento.

Forçadas por essa conjuntura inédita, será que as atuais religiões mundiais vão se transformar, transmutar-se radicalmente e passar a ser a configuração sociorreligiosa da espiritualidade do ser humano na futura sociedade do conhecimento? Nessa conjuntura mundial religiosa, encontra-se o desafio para a nossa Igreja e especificamente para a atividade missionária da Igreja. A "sociedade do conhecimento" pede de nós um olhar cauteloso, ao mesmo tempo amoroso, da realidade, e para aproximá-la com abertura e com novos olhos.

5. Compreensão da missão *intergentes*

Passaram-se 50 anos do Concílio. Muitos documentos foram aplicados na realidade cotidiana, mas muitos ainda estão no processo da aplicação. Com passar dos anos a Igreja e os missiólogos encontram novas formas de realizar a missão, fazendo a passagem da missão *ad gentes* à missão intergentes. A atitude "exclusivista" – *extra me nulla salus*: fora da Igreja não há salvação – e a atitude inclusivista: existem outras religiões com bom conteúdo, mas o conteúdo da Igreja é melhor – deram lugar para a atitude da igualdade de todos. A missão intergentes encontra-se nesse universo muito mais complexo e delicado em relação ao trabalho missionário. Podemos dizer que iniciamos um processo que indica um "atravessando culturas", e isso implica um movimento mútuo e multidirecional entre culturas, como se reflete no uso do termo "intercultural". O papel da cultura, hoje, é o de fornecer a nossos contemporâneos ferramentas intelectuais e morais que lhes permitam sobreviver.

A missão intergentes exige dos missionários e da Igreja modificar nossos hábitos e nossas prioridades para nos colocarmos mais seriamente à escuta do mundo em que estamos embarcados. Pois, no mundo atual, não há mais estrangeiros, há apenas "companheiros de viagem". Ainda que nossos contemporâneos morem do outro lado da rua ou do outro lado da Terra, estão a dois passos de nós; nossos comportamentos os afetam, como os deles a nós.

Nessa configuração do mundo, a Igreja adquire fortes laços com dois universos ao mesmo tempo e têm a vocação para o papel de correia da transmissão, de interface, nos dois sentidos. Tendo nova compreensão da missão, a Igreja defende a cultura e a religião onde ela quer inserir-se, ao mesmo tempo ama a cultura de sua origem, o conteúdo religioso de sua tradição e admire sua vocação missionária. Ter a sensibilidade natural para com sua tradição e, ao mesmo tempo, sensibilidade adquirida na cultura em que ela se inseriu. Ela está em duas margens ao mesmo tempo ou, como Turner afirma, na "liminaridade" (nem aqui nem lá) ou em nenhum lugar. Dessa forma se compreende a missão intergentes, onde há trocas constantes em diversos níveis, onde não há superior ou inferior, existem somente interlocutores.

6. Pistas concretas para a missão

Tratando as pistas concretas da missão, é obvio que a Igreja conta com seus numerosos missionários. Essa tarefa não é fácil, pois esses agentes pertencem às diversas culturas, nacionalidades e continentes, carregam dentro de si um universo cultural e religioso particular. Para universalizar o contexto particular é uma tarefa árdua que pertence a cada missionário. Por isso, um autor desconhecido coloca como alerta que: "Ao nos aproximarmos de outro povo, outra cultura e outra religião, nosso primeiro dever é tirar os sapatos – pois o lugar do qual nos estamos aproximando é sagrado. Caso contrário podemos nos descobrir pisando no sonho de outra pessoa. Mais sério ainda: podemos esquecer que Deus lá estava antes que chegássemos". Visando a esse alerta, gostaria de apresentar dois saberes que poderão ajudar o missionário a tomar consciência, enquanto faz o processo de deslocação de uma cultura para a outra: saber tirar os sapatos e saber se tornar um hóspede.

6.1. Aprender tirar os sapatos

O primeiro aprendizado do missionário é que ele conheça o significado de tirar os sapatos no processo de ir à cultura do outro. "Tire as sandálias dos pés, porque o lugar onde você está pisando é um lugar sagrado" (Ex 3:5) foi a ordem do Yahweh a Moisés. As sandálias representam o que está amoldado ao nosso pé, a forma que acompanha nosso feitio, nossos calos. A ordem de tirar as sandálias significa retirar de nós o habitual que nos envolve e reconhecer que a cultura onde estamos é sagrada. No processo de socialização na nossa cultura, habituamo-nos a determinados padrões e condutas que se tornam nosso sapato. Com esse sapato caminhamos pela vida. O sapato representa a proteção indispensável entre o ser e seu meio. Nesse processo, há uma importante interação entre os pés e o sapato. Este nos protege pela sola, mas para que cada passo seja confortável ao pé e para que ele não se desapegue é preciso que o corpo do sapato vá se ajustando à forma do nosso pé. O chão é o pavimento da vida e ele não se ajusta à nossa pisada. De tanto em tanto, temos que retirar o sapato e tocar o solo com a planta do pé.

Ser missionário significa estar em constante movimento. No nosso movimento como missionários de uma cultura para outra, as nossas bagagens da cultura de origem se deslocam, como se fossem os apelos das aeromoças depois do pouso da aeronave na pista: "Cuidado ao abrir os compartimentos de bagagem, pois os objetos podem ter-se deslocado durante a viagem". Na viagem missionária, nada estará no lugar onde deixamos, pois as bagagens culturais, religiosas e familiares deslocam-se durante a viagem. Se nós carregarmos muitas bagagens culturais, a deslocação será difícil. Durante a viagem o missionário aprende a tirar os sapatos e, com isso, adquire a sabedoria: o que deve ser preservado e o que deve ser eliminado no processo de viagem de uma cultura para outra.

6.2. Aprender a tornar-se hóspede

O segundo aprendizado é a continuação do primeiro: saber se tornar um bom hóspede. O missionário, antes de tudo, é um hóspede que estabelece sua morada na casa do outro povo e de outra cultura. O hóspede, de modo geral, cria uma situação de dependência em relação ao outro. O hóspede tem como obrigação apreciar e aceitar o que é oferecido, qualquer que seja a oferta, pois está numa casa emprestada. Ser hóspede é uma condição necessária para o missionário no processo de viagem. Mesmo que na cultura hospedeira tenha tantas bênçãos e avanços em relação à cultura deixada, não é possível reproduzir certas coisas deixadas para trás. A terra de onde se parte é a terra onde se viveu, portanto, não há substituto ao que foi vivido. Mesmo em condições melhores, mesmo em circunstâncias mais apropriadas à nossa visão de mundo, o que se viveu é parte de uma terra deixada. Um bom hóspede sempre toma consciência de um simples saber: saber deixar e saber chegar. O missionário não deve ir a uma determinada cultura sem a disposição para o diálogo e para acolher o outro. Somente com essa abertura ele pode se tornar um bom hóspede em outra cultura. A Igreja deve oferecer os momentos adequados de reflexão aos missionários que se encontram em seus traslados de uma cultura para outra, para que possam adquirir tranquilidade e tornar-se bons hóspedes na casa dos outros.

Considerações finais

A Igreja já caminhou 50 anos após o Concílio, e caminhar é a forma mais radical da partilha da experiência. Dessa caminhada partilhada todos voltam transfigurados. Somente no caminhar fazemos a experiência com o estranho numa cultura estranha. Na caminhada redefinimos os projetos missionários, seus meios e fins. Como aponta Paulo Suess:

> Em cada etapa dessa caminhada voltam antigas e novas perguntas. São sinais da nossa subjetividade em construção e da busca do sentido. Só o sujeito faz perguntas, questiona a si e ao mundo. Afinal quem somos? A

caminhada missionária é um aprendizado para conviver em paz com cada vez mais perguntas. No caminho se perde a ansiedade de encontrar respostas para tudo. Ao sair do "nosso" lugar, mudamos o olhar ao mundo e a perspectiva de vida (SUESS, 2012, 12).

Portanto, o desafio que os missionários enfrentamos nos dias de hoje é: como fazer a tradição cristã interagir numa forma efetiva e respeitosa com os membros de outras culturas e religiões, em diversos cantos do nosso planeta, sem perder o dinamismo missionário. A nova configuração da Igreja, com a eleição do Papa Francisco da "periferia", apresenta a abertura da Igreja para se tornar uma bússola espiritual para o mundo contemporâneo.

Referências bibliográficas

AMALADOSS, M. *Rumo à plenitude*: em busca de uma espiritualidade integral. São Paulo: Loyola, 1997.

_____. *Pela estrada da vida*: prática do diálogo inter-religioso. São Paulo: Paulinas, 1995.

ASCHEMAN, T. *Mission in Dialogue*. Mission Secretariat: Divine Word Missionaries. Rome, 2004.

BEVANS, Stephen; SCHROEDER, R. *Prophetic Dialogue*: Reflections on Christian Mission Today. New York: Orbis Books Maryknoll, 2011.

GRIFFITHS, B. *Retorno ao centro, o conhecimento da Verdade*: o ponto de reconciliação de todas as religiões. São Paulo: IBRASA, Instituição Brasileira de Difusão Cultural Ltda., 1992.

INTERAÇÕES: cultura e comunidade. *Revista de Ciência da Religião*, Faculdade Católica de Uberlândia. ISSN 1809-8479, v. 5 n. jan./jun. 2010.

KNITTER, P. *Introducing Theologies of Religions*. Maryknoll, New York: Orbis Books, 2002.

MAALOUF, Amin. *O mundo em desajuste*: quando nossas civilizações se esgotam. Rio de Janeiro: Diffel, 2011.

RASCHIETTI, Estêvão. *Ad Gentes*: texto e comentário. São Paulo: Paulinas, 2011.

REDEMPTORIS MISSIO. Carta Encíclica de João Paulo II. São Paulo, Paulinas, 1991.

SUDHIARSA, Raymundus (ed.). *Cross-Cultural Mission: Problems and Prospects*. IV Symposium of Asia-pacific Association of Mission Researchers (ASPAMIR). Opportunities for sharing inter-religious life and mission in its deepest sense. Indonesia: Baymedia publishing, 2012.

SUESS, Paulo. *Introdução à Teologia da Missão: convocar e enviar*; servos e testemunhas do Reino. Petrópolis: Vozes, 2007.

_____. *Impulsos e intervenções*: atualidade da missão. São Paulo: Paulus, 2012.

VIGIL, José Maria (org.). *Por uma teologia planetária*. São Paulo: Paulinas, 2011.

Sinais de abertura
Liberdade religiosa, ecumenismo e diálogo inter-religioso

Faustino Teixeira[*]

Introdução

O Concílio Vaticano II significou um dos mais importantes eventos no âmbito do cristianismo contemporâneo, configurando um cenário inédito de renovação no tecido eclesial católico. Abriu espaço para uma Igreja revivificada, dialógica, com particular atenção pastoral. O impulso inicial veio com João XXIII, que buscava favorecer um "ar fresco na Igreja", uma dinâmica novidadeira, de acolhida aos sinais dos tempos. Essa abertura aconteceu particularmente em três campos: de renovação no interior da Igreja, sintonia com o mundo moderno e busca da unidade dos cristãos. Dentre os diversos documentos aprovados no Concílio, vale destacar alguns que tiveram um particular impacto na abertura ecumênica e inter-religiosa: a Declaração *Dignitatis Humanae* (DH),[1] sobre a

---

[*] Faustino Teixeira é doutor em Teologia pela Pontifícia Universidade Gregoriana (Roma). Professor do Programa de Pós-Graduação em Ciência da Religião da Universidade Federal de Juiz de Fora (MG), pesquisador do CNPq e consultor do ISER Assessoria (RJ). É autor de vários livros.

liberdade religiosa; o Decreto *Unitatis Redintegratio* (UR), sobre ecumenismo; a Declaração *Nostra Aetate* (NA), sobre as relações da Igreja com as religiões não cristãs. Há uma íntima interconexão entre esses documentos, daí a importância de uma reflexão conjugada sobre eles. Esse será o objeto da presente investigação. A preocupação aqui não reside na abordagem da gênese ou no complexo processo de elaboração de tais textos no Concílio, mas de apontar seus traços de abertura e limites, tendo em vista os desafios do pluralismo religioso.

1. A Declaração sobre a liberdade religiosa: *Dignitatis Humanae*

Situar com abertura o tema da liberdade religiosa é talvez um dos traços mais novidadeiros do Concílio. Em razão da consciência de sua centralidade, a Igreja Católica teve sempre muita dificuldade em reconhecer o mundo da alteridade. Vale recordar que na encíclica *Mirari vos*, de Gregório XVI (1832), a liberdade de consciência vinha identificada com um "delírio", estando na raiz do indiferentismo religioso (DzH 2730).[2] Esse indiferentismo foi igualmente objeto de crítica no Sílabo de Pio IX, com a condenação da proposição 15: "Cada pessoa é livre de abraçar e professar a religião que, guiada pela luz da razão, julgar verdadeira" (DzH 2915). O Vaticano II, com a aprovação da declaração, vira a página dessa perspectiva ensimesmada, favorecendo uma nova e importante cognição sobre a dignidade essencial da pessoa humana,

---

[1] Para os documentos do Vaticano II, cf. COMPÊNDIO DO VATICANO II. *Constituições, decretos, declarações*. 6. ed. Petrópolis: Vozes, 1968.

[2] DENZINGER; HÜNERMANN. *Compêndio dos símbolos, definições e declarações de fé e moral*. São Paulo: Paulinas/Loyola, 2007.

conferindo igualmente "profundidade teológica" à declaração dos direitos humanos.[3] A dignidade humana vem reconhecida como precípuo fundamento da liberdade religiosa.[4] Em lugar da defesa de uma "liberdade em benefício da instituição", típica do século XIX, ocorre agora uma "reivindicação em benefício do sujeito individual", do direito das pessoas. Essa mudança vem expressa de forma clara no n. 3 da declaração: "Cada um tem o dever e, por conseguinte, o direito de procurar a verdade em matéria de religião, para que, empregando os meios apropriados, forme prudentemente para si juízos de consciência verdadeiros e retos" (DzH 4242).

Com a declaração sobre a liberdade religiosa, o Vaticano II afasta-se dos anátemas de Pio IX e abre um caminho novo na abordagem da dignidade humana, constituindo também base essencial para um olhar mais compreensivo e positivo sobre as outras tradições religiosas. É a partir de então que a Igreja Católica inaugura oficialmente um discurso de acolhida dos direitos humanos. É uma declaração que "representa a revisão decisiva de uma teoria perniciosa dos direitos exclusivos da verdade que serviu para justificar séculos de intolerância".[5]

Com os princípios desenvolvidos nesse documento conciliar em torno da liberdade religiosa, fundam-se as bases estruturantes para a construção de novas perspectivas para o diálogo ecumênico e a convivência entre as

---

[3] ALBERIGO, Giuseppe. *Breve storia del concilio Vaticano II*. Bologna: Il Mulino, 2005. p. 152.
[4] JARCZYK, Gwendoline. *La liberté religieuse*: 20 ans après de Concile. Paris: Desclée, 1984.
[5] GEFFRÉ, Claude. Le dialogue des religions: défi pour un monde divise. *Le Supplément. Revue d'Ethique et de Théologie Morale*, n. 156, p. 114-115, 1986.

religiões.[6] Talvez tenha sido um dos documentos mais laboriosos do Concílio, tendo passado por seis redações, até sua promulgação na sessão pública de 07/12/1965, alcançando a aprovação de 2.308 padres conciliares, com 70 votos contrários e 8 votos nulos.

Foi de fundamental importância para a afirmação dessa nova sensibilidade a presença do Secretariado para a Unidade dos Cristãos, instituído por João XXIII em junho de 1960, tendo como seu primeiro secretário o bispo holandês Johannes Willebrands[7] e como presidente o cardeal Agostinho Bea. Foi o organismo conciliar que "recolheu as 'heranças' das Conferências católicas para as questões ecumênicas, tornando-se ponto de referência oficial para o diálogo com as outras confissões e com o movimento ecumênico".[8] Pode-se também assinalar a figura do teólogo jesuíta americano, John Courtney Murray, importante porta-voz dos bispos norte-americanos, que eram os mais abertos para essa temática da liberdade religiosa.

Embora os anseios em favor de mudanças importantes na Igreja Católica fossem partilhados por muitos bispos conciliares, as resistências contra as mudanças eram

---

[6] HÜNERMANN, Peter. Le ultime settimane del concilio. In: ALBERIGO, Giuseppe (Ed.). *Storia del concilio vaticano II*. Bologna: Il Mulino, 2001. v. 5, p. 459.

[7] Ele assumiria em 1969 a presidência desse conselho pontifício. No consistório de abril de 1969, torna-se cardeal e, em 1975, é nomeado arcebispo de Ultrecht e primaz da Holanda.

[8] SCATENA, Silvia. *La fatica della libertà*. L'elaborazione della dichiarazione *dignitatis humanae* sulla libertà religiosa del Vaticano II. Bologna: Il Mulino, 2003. p. 22. Muito rico em detalhes, ainda que breve, o diário de Willebrands, com relatos importantes sobre o desenrolar da redação da declaração sobre a liberdade religiosa. In: VELATI, Mauro. L'ecumenismo al Concilio: Paulo VI e l'approvazione di *Unitatis Redintegratio*. *Cristianesimo nella storia*, v. 26, n. 2, 2005, p. 465-476 (apêndice).

também muito fortes. Mesmo estando a Igreja em estado de Concílio, com apelos renovadores, os "mecanismos institucionais consolidados" não estavam congelados, mas vivos e atuantes em segmentos da minoria conciliar. É verdade que predominava no Concílio uma maioria com convicções mais arejadas, entre os cerca 2.200 padres conciliares, mas atuava também com vigor uma minoria de aproximadamente 220 padres, alguns dos quais pertencentes à cúria romana. Era um grupo relativamente pequeno, mas de influência importante, com a preocupação renitente de salvaguardar a continuidade da tradição católica (em particular do Tridentino e do Vaticano I).[9]

As resistências ao documento sobre a liberdade religiosa vinham de bispos espanhóis, italianos e membros do *Coetus*. O apoio vinha dos bispos norte-americanos, canadenses e de um grupo de bispos franceses. Alguns padres conciliares como Ruffini, Ottaviani e Siri repercutiam duramente as posições da minoria conciliar na defesa da perspectiva tradicional, em particular da *vera religione* e da "missão divina" da Igreja Católica.[10] As

---

[9] ALBERIGO, Giusepe. La condizione Cristiana dopo il Vaticano II. In: ALBERIGO, Giusepe; JOSSUA, J.-P. (Ed.). *Il Vaticano II e la chiesa*. Brescia: Paideia, 1985. p. 58; SCATENA, Silvia. *La fatica della libertà*, p. 309. Pode-se acrescentar também a pressão de grupos conservadores, entre os quais o *Coetus Internationalis Patrum*, radicais combatentes das tendências progressistas centro-europeias em curso no Concílio. Para essa questão, cf. BUONASORTE, Nicla. *Tra Roma e Lefebvre*. Il tradicionalismo cattolico italiano e il Concilio Vaticano II. Roma: Studium, 2003. p. 78-86; PERRIN, L.. Il *Coetus Internationalis Patrum* e la minoranza conciliare. In: FATTORI, M. T.; MELONI, A. (Ed.). *L'evento e le decisione*. Studi sulle dinamiche del Concilio Vaticano II. Bologna: Il Mulino, 1977. p. 173-187.

[10] Pode-se também acrescentar a atuação conservadora do teólogo dominicano Luigi Ciappi, com forte passagem pela cúria romana, sendo consultor do Santo Ofício. Intervém diversas vezes contra as posições mais audazes sobre o tema da liberdade religiosa, defendendo com rigor a estrada da tradição: VELATI, Mauro. *L'ecumenismo al Concilio*, p. 430s.

principais objeções ao esquema apresentado traduziam uma preocupação com o risco de subjetivismo e indiferentismo religioso. Na linha da perspectiva tradicional, a minoria guerreira defendia a plausibilidade de uma única religião verdadeira, argumentando que a defesa da liberdade religiosa poderia favorecer não só a difusão do erro, como também enfraquecer o zelo missionário.

O Papa Paulo VI terá um papel decisivo no desenrolar das tensões que marcavam o confronto da maioria e da minoria conciliar a respeito desse tema. Muito escrupuloso, Montini evita a acolhida das posições mais radicais e críticas defendidas pela teologia tradicionalista romana, mas também reage com cautela contra as posições mais ousadas da nova teologia. Busca um caminho equidistante das duas perspectivas, visando a uma linha de consenso. O Papa oscilava entre os dois modelos eclesiológicos em tensão: o que demarcava a perspectiva hierárquica da escola romana e o outro de comunhão, defendido pela teologia centro-europeia. Para aparar arestas e contemplar também os segmentos mais insatisfeitos com o documento, Paulo VI propõe cinco pontos que deveriam estar evidenciados no texto final. Os pontos visariam acentuar que a afirmação da liberdade religiosa não quebra a continuidade da doutrina tradicional católica sobre a verdadeira religião.[11] Acaba-se garantindo, para a tranquilidade de muitos, a ideia da Igreja Católica como única verdadeira religião. E isso entra na introdução da declaração conciliar sobre a liberdade religiosa: "É nossa fé que essa

---

[11] ALBERIGO, Giuseppe. *Storia del concilio Vaticano II*, p. 133-134; CONGAR, Yves. *Mon Journal du Concile II*. Paris: Cerf, 2002. p. 425. Depois de tantas tensões, os dois teólogos que trabalhavam no texto, Congar e Murray, ficaram adoentados e esgotados.

única verdadeira Religião se encontra na Igreja Católica e Apostólica, a quem o Senhor Jesus confiou a tarefa de difundi-la aos homens todos" (DH 1). E mais adiante acrescenta: "Uma vez que a liberdade religiosa, que os homens reclamam para cumprir o dever de cultuar a Deus, visa à liberdade de coação na sociedade civil, continua íntegra a tradição doutrinária católica sobre o dever moral dos homens e das sociedades em relação à religião e à única Igreja de Cristo" (DH 1). A inclusão dessa reflexão no proêmio da declaração exemplifica, mais uma vez, a tendência no concílio de justapor posições para alcançar a unanimidade nas votações. Ou seja, restringe-se o alcance da reflexão com a inserção de textos que favorecem um compromisso. Como assinalou com razão o historiador da Igreja, Oscar Beozzo, "em certas ocasiões, quando o impasse era real, a solução foi a de justapor as duas posições. Há vários textos no Concílio onde temos primeiro a afirmação da maioria conciliar e imediatamente uma frase que diz exatamente o contrário e é expressão doutrinal da minoria".[12]

2. O Decreto sobre o ecumenismo: *Unitatis Redintegratio*

Por longo tempo a Igreja Católica manifestou-se reticente com o movimento ecumênico, que nasce fora de suas alçadas. O primeiro passo de aproximação oficial da Igreja com o diálogo ecumênico ocorre com o Vaticano II, mediante o decreto sobre o ecumenismo. Como sublinhou o Papa João Paulo II na introdução de sua encíclica sobre

---

[12] BEOZZO, José Oscar. Indícios de uma reação conservadora: do Concílio Vaticano II à eleição de João Paulo II. In: ISER. Estação de seca na Igreja. *Comunicações do Iser*, v. 9, n. 39, 1990. p. 9.

o ecumenismo, *Ut unum sint* (1995), o evento conciliar significou o empenho irreversível da Igreja Católica nesse âmbito dialogal (UUS 3).

Não há dúvida do influxo do movimento ecumênico, nascido no século XX, sobre a gênese do decreto sobre o ecumenismo. Esse documento foi sendo germinado no curso de um longo processo. Ele vai sendo firmado no Concílio no mesmo período que a constituição dogmática *Lumen Gentium*, sobre a Igreja, e promulgado por Paulo VI no mesmo dia, 21/11/1964, com 2.137 votos favoráveis e 11 contrários. Como assinalou Walter Kasper, ao promulgar conjuntamente os dois documentos, Paulo VI estava talvez sinalizando que o decreto seria como um "complemento" da *Lumen Gentium*.[13] De fato, a busca da unidade dos cristãos traduzia uma das principais tarefas do Concílio, como expresso no proêmio (UR 1).

Algumas pistas abertas pela *Lumen Gentium* são fundamentais para entender a dinâmica de abertura do decreto sobre o ecumenismo. Em primeiro lugar, a compreensão da índole escatológica da Igreja peregrina (LG 48 – DzH 4168). Essa nota escatológica confere maior humildade à Igreja, convidando-a ao permanente processo de abertura e purificação. Uma das razões da dificuldade da Igreja em acolher o ecumenismo foi justamente a desconsideração dessa dimensão escatológica, ocasionando uma compreensão arrogante de posse exclusiva da verdade.[14] Em segundo lugar, a rica reflexão sobre a relação entre a Igreja de Cristo e a Igreja Católica, com a percep-

---

[13] KASPER, Walter. *Chiesa cattolica*. Essenza-realtà-missione. Brescia: Queriniana, 2012. p. 484.

[14] SARTORI, Luigi. *L'unità dei cristiani*. Commento al decreto conciliare sull'ecumenismo. Padova: Messaggero, 1994. p. 49.

ção do *subsistit in* (LG 8 – DzH 4119). A *Lumen Gentium* assinala com clareza que a Igreja de Cristo "subsiste na Igreja Católica". Trata-se de uma "cláusula" de abertura e não de fechamento, como entenderam vários analistas, entre os quais o redator da *Lumen Gentium*, G. Philips, em sua clássica obra sobre a Igreja no Vaticano II.[15] Ao afirmarem os padres conciliares que a Igreja de Cristo subsiste na Igreja Católica, queriam dizer que na Igreja Católica existem as propriedades essenciais da Igreja de Cristo, embora não na sua perfeição escatológica. Por outro lado, queriam também sublinhar que fora da Igreja Católica, de sua "visível estrutura", não existe simplesmente um vazio eclesiológico, mas "numerosos elementos de santificação e verdade". O documento não fala no singular, mas no plural: *elementa plura* (numerosos elementos). O Vaticano II supera, assim, a perspectiva então vigente no âmbito católico, expresso na encíclica *Mystici corporis* (1943), de Pio XII, que identificava o Corpo místico de Cristo com a Igreja Católica romana.[16] Com o *subsistit in*, o Concílio favorece um significativo e notável passo adiante, com repercussões imediatas na abertura ecumênica. É uma cláusula que "contém *in nuce* o inteiro problema ecumênico".[17]

---

[15] PHILIPS, G. *L'Église et son mystère au II Concili du Vatican*. Paris: Desclée, 1967. t. I, p. 119.

[16] E a encíclica de Pio XII sublinhava com vigor que aqueles que estavam fora da Igreja Católica careciam da graça santificante e deveriam estar a ela ordenados para poderem usufruir das "grandes graças e auxílios celestes dos quais só na Igreja Católica podem fruir" (DzH 3821).

[17] KASPER, Walter. Una nuova lettura dopo 40 anni (sull'anniversario dell'Unitatis redintegratio). *Il Regno-documenti*, n. 960, p. 8, 2005. Para a reflexão em torno do *subsistit in*, cf. SULLIVAN, Francis A. In che senso la Chiesa di Cristo "sussiste" nella chiesa cattolica romanan? In: LATOURELLE, René (Ed.). *Vaticano II. Bilancio & prospettive venticinque anni dopo – 1962-1987*. Assisi: Cittadella editrice, 1988. p. 811-824; KASPER, Walter.

O Decreto sobre o ecumenismo retoma essa abertura proporcionada pela *Lumen Gentium* e reconhece que muitos e exímios elementos ou bens que edificam e vivificam a Igreja "podem existir" fora de seu âmbito específico, como "a Palavra escrita de Deus, a vida da graça, a fé, a esperança, a caridade e outros dons interiores do Espírito Santo e elementos visíveis" (UR 3). O documento segue a linha definida na constituição *Lumen Gentium*, que assegura à Igreja Católica a "plenitude dos meios de salvação" (UR 3), mas não hesita em afirmar que esses meios encontram-se também alhures em razão da presença do Espírito. Ao tratar das igrejas orientais, e em particular de sua teologia, assinala que ela é capaz de captar "aspectos do mistério revelado" que escapam da visada teológica ocidental (UR 17).

Se o espírito do documento revela abertura, a terminologia adotada não consegue acompanhar esse espírito: fala-se ainda em "irmãos separados" e evita-se nomear como igrejas as comunidades cristãs não católicas, identificando-as com "comunidades eclesiais".[18] Assim como ocorreu na declaração sobre a liberdade religiosa, Paulo VI também intervém na redação do documento sobre o ecumenismo, movido por pressões da minoria conciliar. Em novembro de 1964, depois que o texto já havia recebido a aprovação definitiva do plenário, Paulo VI sugere

---

Chiesa cattolica, p. 260-263; SESBOÜÉ, Bernard. *Hors de l'Église pas de salut*. Histoire d'une formule et problèmes d'interprétation. Paris: Desclée de Brouwer, 2004. p. 222-223; BOFF, Leonardo. *Igreja: carisma e poder*. Rio de Janeiro/São Paulo: Record, 2005. p. 455-457.

[18] Essa distinção é uma fórmula recorrente, aparecendo inclusive no título do terceiro capítulo do decreto sobre o ecumenismo. A distinção vem mantida pela comissão teológica, apesar das muitas demandas em favor da manutenção de um mesmo termo, Igreja, para todas as confissões (cf. SESBOÜÉ, Bernard. *Hors de l'Église pas de salut*, p. 235, n. 44).

inúmeras emendas ao texto,[19] visando – a seu ver – a uma formulação teológica mais correta, mas na prática implicavam uma restrição na abertura até então alcançada. Das emendas propostas, só 19 foram aceitas pelo Secretariado para a Unidade dos Cristãos, encarregado da redação final. Apesar do mal-estar causado pela intervenção autoritária do Papa, as emendas entraram no documento final, sob a rubrica de "suggestiones benevolas auctoritative espressas". Ao relatar em seu diário essa proposta de emenda ao texto, o teólogo Yves Congar – que também trabalhou na redação do documento – assinalou que o texto tinha perdido sua virgindade ou pureza.[20]

Apesar dos percalços, o documento aponta para mudanças importantes no âmbito da abertura ecumênica da Igreja Católica. E o próprio Congar reconhece que o resultado sinaliza a presença de um "belo texto, humilde e altivo", que jamais se poderia imaginar em anos anteriores.[21]

3. A Declaração sobre as relações da Igreja com as religiões não cristãs: *Nostra Aetate*

O Concílio Vaticano II, como bem lembrou o teólogo Karl Rahner, inaugura na vida eclesial um otimismo salvífico inexistente no passado.[22] Essa talvez seja uma das

---

[19] A proposta das emendas corretivas, apresentada pelo Papa ao cardeal Willebrands, vinha na verdade do teólogo Luigi Ciappi e traduziam as preocupações da minoria conciliar. Todas elas chamando a atenção para a fidelidade à tradição.

[20] CONGAR, Yves. *Mon jornal du concili II*, p. 287. Para um maior detalhamento de todo esse processo que envolveu as emendas, cf. VELATI, Mauro. *L'ecumenismo al Concilio*, p. 429-459.

[21] CONGAR, Yves. *Le bloc-notes du Père Congar*. Apud VELATI, Mauro. *L'ecumenismo al concilio*, p. 461.

[22] KRAUS, Meinold. *La fatica di credere*. Cinisello Balsamo: Paoline, 1986. p. 98. (A colloquio com Karl Rahner).

grandes novidades do evento conciliar. O que se afirmava antes com muita prudência na Igreja ganha agora com o Concílio uma cidadania irrevogável: Deus na sua imensa ternura e misericórdia acolhe com amizade os buscadores de distintas religiões ou espiritualidades, e por caminhos que escapam da compreensão humana. Isso está muito claro na constituição *Gaudium et spes*, que tratou o tema da Igreja no mundo de hoje: "O Espírito Santo oferece a todos a possibilidade de se associarem, de modo conhecido por Deus, a esse mistério pascal" (GS 22 – DzH 4322).

É interessante verificar que a abertura da Igreja às outras religiões foi favorecida pela abertura ecumênica, ou pelo ecumenismo confessional. As duas perspectivas dialogais são igualmente importantes: uma não tira a pertinência da outra. Segundo Claude Geffré, "seria evidentemente absurdo pensar que o ecumenismo inter-religioso diminui a urgência do ecumenismo confessional. Antes, observo na história recente da Igreja que foi o diálogo ecumênico, iniciado há mais de cinquenta anos, que rompeu um determinado modelo de absolutismo católico e favoreceu o diálogo com as grandes religiões do mundo".[23]

A declaração *Nostra aetate* inaugura um clima novo, de abertura, às outras religiões, e num tom oficial que não se encontrava antes. O documento vem aprovado na sessão pública de 28/10/1965, com 2.221 votos favoráveis, 88 contrários e 3 votos nulos. Assinala-se já no preâmbulo que todos os povos "constituem uma só comunidade" e por meio de suas tradições religiosas buscam "respostas aos profundos enigmas para a condição humana" (NA 1).

---

[23] GEFFRÉ, Claude. O lugar das religiões no plano da salvação. In: TEIXEIRA, Faustino (Org.). *O diálogo inter-religioso como afirmação da vida*. São Paulo: Paulinas, 1997. p. 115.

Visando a certa "ética do diálogo", a declaração reitera que a Igreja Católica "nada rejeita do que há de verdade e santo nessas religiões" e exorta os cristãos ao diálogo sincero (NA 2). Trata com respeito e estima a tradição judaica, a riqueza de seu "patrimônio espiritual", e recorda o vínculo fundamental que une essa tradição ao cristianismo (NA 4). Vislumbra também "com carinho" a religião dos muçulmanos, que alimenta laços comuns com o cristianismo na veneração ao mesmo Deus vivo e misericordioso, e exorta os cristãos a superar as dissensões e buscar uma mútua compreensão (NA 3). Reconhece também o valor do hinduísmo, do budismo e das demais religiões do mundo, que traduzem respostas e caminhos à "inquietação do espírito humano" (NA 2). Ao final da declaração, os padres conciliares sublinham que não se pode "invocar a Deus como Pai de todos" fora de um "tratamento fraterno" àqueles que também foram criados "à imagem de Deus" (NA 5).

Como em todos os textos do Vaticano II, percebe-se na declaração reverberações de uma teologia do acabamento. O juízo salutar acerca das outras religiões não vem acompanhado de uma reflexão acolhedora e explícita sobre os traços positivos que envolvem essas religiões, objetivamente, no Mistério salvífico de Deus. O acento recai mais sobre "as intenções subjetivas dos membros das outras religiões, sem levar a sério o desafio colocado à fé cristã pela pluralidade das tradições religiosas, considerada na sua positividade histórica".[24] Vigora nos documentos, com raras exceções, a perspectiva apontada

---

[24] GEFFRÉ, Claude. Verso una nuova teologia delle religioni. In: GIBELLINI, Rosino (Ed.). *Prospettive teologiche per il XXI secolo*. Brescia: Queriniana, 2003. p. 356.

na *Lumen Gentium* 16 ou na *Ad Gentes* 3, em que as distintas tradições religiosas vêm situadas como "marcos de espera" ou "preparação evangélica" para seu remate na tradição cristã.

Permanece como um desafio aberto para a Igreja Católica a acolhida do pluralismo de princípio. A presença de uma sensibilidade plural exige da comunidade eclesial uma real transformação no modo de ver, entender e captar a dinâmica religiosa da alteridade, sobretudo a delicada questão da "dignidade da alteridade". O outro é sempre mistério e enigma, trazendo consigo um "patrimônio espiritual" capaz de enriquecimentos inusitados. Trata-se de uma alteridade que nunca poderá ser complementada ou deslocada de sua irrevogável particularidade. Exige-se hoje uma atenção especial para a "extraordinária diversidade das tradições". Não se respeita devidamente a singularidade das religiões quando o que delas se conserva e valoriza é apenas "sua capacidade de abrir-se positivamente àquilo que ignoram ou, talvez, até mesmo combatam".[25]

Referências bibliográficas

ALBERIGO, Giuseppe. *Breve storia del concilio Vaticano II*. Bologna: Il Mulino, 2005.

_____. La condizione Cristiana dopo il Vaticano II. In: ALBERIGO, Giuseppe; JOSSUA, J.-P. (Ed.). *Il Vaticano II e la chiesa*. Brescia: Paideia, 1985. p. 9-40.

ALBERIGO, Giuseppe (Ed.). *Storia del Concilio Vaticano II*. Bologna: Il Mulino, 2001. v. 5.

---

[25] DUQUOC, Christian. *O único Cristo*: sinfonia adiada. São Paulo: Paulinas, 2008. p. 168.

BEOZZO, José Oscar. Indícios de uma reação conservadora: do Concílio Vaticano II à eleição de João Paulo II. In: ISER. Estação de seca na Igreja. *Comunicações do Iser*, v. 9, n. 39, p. 5-16, 1990.

BOFF, Leonardo. *Igreja: carisma e poder*. Rio de Janeiro/São Paulo: Record, 2005.

BUONASORTE, Nicla. *Tra Roma e Lefebvre*. Il tradicionalismo cattolico italiano e il Concilio Vaticano II. Roma: Studium, 2003.

COMPÊNDIO do Vaticano II. *Constituições, decretos, declarações*. 6. ed. Petrópolis: Vozes, 1968.

CONGAR, Yves. *Mon Journal du Concile II*. Paris: Cerf, 2002.

DENZINGER-HUNERMANN. *Compêndio dos símbolos, definições e declarações de fé e moral*. São Paulo: Paulinas/Loyola, 2007.

DUQUOC, Christian. *O único Cristo*: a sinfonia adiada. São Paulo: Paulinas, 2008.

GEFFRÉ, Claude. Le dialogue des religions: défi pour un monde divise. *Le Supplément. Revue d'Ethique et de Théologie Morale*, n. 156, p. 103-122, 1986.

_____. O lugar das religiões no plano da salvação. In: TEIXEIRA, Faustino (Org.). *O diálogo inter-religioso como afirmação da vida*. São Paulo: Paulinas, 1997. p. 111-137.

_____. Verso una nuova teologia delle religioni. In: GIBELLINI, Rosino (Ed.). *Prospettive teologiche per il XXI secolo*. Brescia: Queriniana, 2003. p. 353-372.

JARCZYK, Gwendoline. *La liberté religieuse*: 20 ans après de Concile. Paris: Desclée, 1984.

KASPER, Walter. *Chiesa cattolica*. Essenza-realtà-missione. Brescia: Queriniana, 2012.

_____. Una nuova lettura dopo 40 anni (sull'anniversario dell'Unitatis redintegratio). *Il Regno-documenti*, n. 960, p. 6-10, 2005.

PERRIN, L. Il *Coetus Internationalis Patrum* e la minoranza conciliare. In: FATTORI, M. T.; MELONI, A. (Ed.). *L'evento e le decisione*. Studi sulle dinamiche del Concilio Vaticano II. Bologna: Il Mulino, 1977. p. 173-187.

PHILIPS, G. *L'Église et son mystère au II concili du Vatican*. Paris: Desclée, 1967. t. I.

SARTORI, Luigi. *L'unità dei cristiani*. Commento al decreto conciliare sull'ecumenismo. Padova: Messaggero, 1994.

SCATENA, Silvia. *La fatica della libertà*. L'elaborazione della dichiarazione *dignitatis humanae* sulla libertà religiosa del Vaticano II. Bologna: Il Mulino, 2003.

SESBOUE, Bernard. *Hors de l'Église pas de salut*. Histoire d'une formule et problèmes d'interprétation. Paris: Desclée de Brouwer, 2004.

SULLIVAN, Francis A. In che senso la Chiesa de Cristo "sussiste" nella chiesa cattolica romanan? In: LATOURELLE, René (Ed.). *Vaticano II*. Bilancio & prospetive venticinque anni dopo – 1962-1987. Assisi: Cittadella Editrice, 1988. p. 811-824.

VELATI, Mauro. L'ecumenismo al concilio: Paulo VI e l'approvazione di *Unitatis Redintegratio*. *Cristianesimo nella storia*, v. 26, n. 2, p. 427-476, 2005.

Educação religiosa e juventude

*Hildete Emanuele Nogueira de Souza**

Esta reflexão nos remete, inicialmente, a uma série de perguntas: Qual é o nosso entendimento de educação religiosa? De que projeto de educação estamos falando? Quais são as nossas referências no campo da educação? Qual é a concepção ou quais são as concepções de juventude que servem de parâmetro para o nosso projeto de educação? Qual é o espaço da educação religiosa? Quem são os educadores? Qual é a juventude que temos, queremos e formamos? Fazendo essas provocações, nos colocaremos no lugar que nos oferece um ponto de vista e o lugar de onde olhamos. Isso é importantíssimo quando queremos dizer uma palavra sobre qualquer que seja a temática.

---

* Hildete Emanuele Nogueira de Souza é soteropolitana, militante das Pastorais da Juventude do Brasil, analista pastoral da Província Marista Brasil Centro-Norte, licenciada em Letras Vernáculas, e está cursando pós-graduação em Juventude no Mundo Contemporâneo – PUC/GO, Rede Brasileira de Centros e Institutos de Juventude.

Qual é o nosso entendimento sobre educação religiosa?

A Educação Religiosa, para o Concílio Vaticano II, tem algumas características: ela é um direito universal; requer uma formação integral da pessoa humana; deve ajudar o/a jovem a desenvolver as suas qualidades físicas, morais e intelectuais; formar para a verdadeira liberdade; levar o/a jovem a vencer os obstáculos da vida; formar numa educação sexual positiva e prudente; preparar o/a jovem para tomar parte na vida social, tornando-o capaz de se inserir nos agrupamentos da comunidade humana, aberto ao diálogo e se esforçando para cooperar no bem comum... (Veja-se *Gravissimum Educationis*). Revendo as preocupações do Concílio, podemos perceber que, olhar a educação religiosa desse lugar, é muita coisa ao mesmo tempo. Vamos tentar destrinchar cada item dessa lista enorme de recomendações conciliares.

Formação integral da pessoa humana

O documento *Evangelização da Juventude*, da CNBB, n. 85, considera que a formação integral

> é importante para considerar o jovem como um todo, evitando assim reducionismos que distorcem a proposta de educação na fé, reduzindo-a a uma proposta psicologizante, espiritualista ou politizante. Trata-se de efetivar pedagogicamente uma formação que se encaixa no contexto da sensibilidade da cultura jovem e aponta para uma nova síntese que integra o racional com o simbólico, a afetividade, o corpo, a fé e o universo (CNBB, 2007, p. 49).

O diálogo "educação e cultura" é de fundamental importância. Não dá para pensar numa educação que forme o ser humano na sua integralidade, desconsiderando ou até mesmo desrespeitando a sua cultura, a sua história de vida, a sua trajetória pessoal e comunitária; é preciso conhecer a realidade do sujeito jovem em seus contextos diversos e desiguais.

Ajudar os jovens a desenvolver as suas qualidades físicas, morais e intelectuais

Essa segunda preocupação conciliar nos remete, mais uma vez, a pensar sobre a integralidade do ser humano, que não é apenas matéria, mas é corpo, mente e espírito. É complicada uma educação que tenta separar o inseparável. Precisamos aprender, numa perspectiva verdadeiramente complexa, a fazer síntese das dimensões físicas, espirituais e psicológicas. É preciso que Ciência e Fé dialoguem, como nos diz a Carta Apostólica *Porta Fidei*: "A Igreja nunca teve medo de mostrar que não é possível haver nenhum conflito entre fé e ciência autêntica, porque ambas tendem, embora por caminhos diferentes, para a verdade".

Formar para a verdadeira liberdade

É fato que as instituições lidam com certa dificuldade em relacionar-se com jovens que fazem o movimento da emancipação, da construção da autonomia. É uma juventude que incomoda, porque questiona, problematiza, cutuca, provoca, nos desencaixa, nos faz pensar para além das nossas grades curriculares, dos nossos planejamentos e planos. É um grupo que nos convida a sair do lugar, a repensar posturas e atitudes, a criar pontes, a derrubar muros, a desconstruir conceitos cristalizados. Bauman, considerado profeta da pós-modernidade, considera a liberdade como o valor supremo dos nossos tempos.

Levar o jovem a vencer os obstáculos da vida

O grande mestre Paulo Freire nos alerta que é preciso educar para fazer o sujeito sonhar:

> Todo tempo tem gente formando-se, mudando, crescendo, reorientando-se, melhorando, capaz de negar os valores, de distorcer-se, de recuar, de transgredir. Portanto, se não posso estimular sonhos impossíveis, por outro lado não devo negar a quem sonha o direito de sonhar (FREIRE, 1998, p. 162).

Educar é dizer, diariamente, aos nossos jovens: você pode mais, você é capaz. Educar para estimular e vislumbrar o horizonte, vencer os medos estabelecidos e inculturados por uma sociedade da vigilância e do terror. Freire ainda nos provoca a pensar que

> a reflexão de si mesmo quando crítica e animadora dá abertura para a possibilidade de ultrapassagem, pois, mediada pela objetivação, vai aos poucos abrindo a consciência para além dos seus limites (FREIRE, 2005, p. 10).

Nesse sentido, fica o convite de pensar numa educação que não corte asas, mas que ajude os sujeitos jovens a alçar voos. Vale a pena, por isso, dedicar um parágrafo para falar de medo. O medo é potencializado em nossas vidas desde muito cedo e as instituições devem educar para vencermos esses medos que nos impedem de dar passos. Temos muitos medos e a juventude, de maneira especial, tem revelado fortemente alguns dos seus medos. Regina Novaes nos destaca três deles: o medo de sobrar, o medo de ficar desconectado e o medo de morrer. Como a educação religiosa ajuda a potencializar espaços de inclusão, de conexões e de vida?

Formar numa educação sexual positiva e prudente

A experiência sexual é uma experiência profundamente íntima e que marca o amadurecimento do corpo e da mente do ser humano. A sexualidade é uma temática que não pode estar fora do processo educacional; é preciso falar disso em casa, na escola, na Igreja e em todos os outros lugares possíveis. Vamos ajudar os nossos jovens a fazerem experiências afetivas e sexuais que garantam sentido e não os tornem objetos descartáveis e coisas. Afinal de contas, coisificar pessoas é um ato de extrema violência. Uma educação sexual prudente deve ser desprendida de moralismos, preconceitos e imposições. Nesse campo, o diálogo é muito mais que importante. É só através de uma conversa sincera e transparente que seremos capazes de formar nossa juventude para relações amadurecidas e consistentes.

Preparar o/a jovem para tomar parte na vida social, tornando-o/a capaz de se inserir nos agrupamentos da comunidade humana, aberto/a ao diálogo e se esforçando para cooperar no bem comum

Viver em grupo é uma demanda de grande parcela da juventude, mas não é uma tarefa fácil aprender a conviver de maneira respeitosa e amorosa com seres tão diferentes. Apesar de o agrupamento juvenil surgir normalmente de um processo de identificação, os jovens vivem em espaços que extrapolam o grupo de sua afinidade pessoal. Abertura ao diálogo é uma forma eficaz de ser e fazer comunidade. Quando se trata de cooperar com o bem comum, tomamos consciência de que a educação gera seres políticos, capazes de mudarem as suas próprias vidas e as vidas das pessoas.

A educação religiosa deve ser uma educação impregnada, encharcada de Jesus Cristo, que evangeliza por meio de tudo o que faz, também no ambiente das relações estabelecidas no espaço escolar. Recordando essa inspiração, poderíamos recorrer ao Evangelho de Lucas para acompanhar os passos de Jesus e perceber algumas luzes para uma educação verdadeiramente religiosa.

> Nesse mesmo dia, dois discípulos iam para um povoado chamado Emaús, distante onze quilômetros de Jerusalém. Conversavam a respeito de tudo o que tinha acontecido. Enquanto conversavam e discutiam, o próprio Jesus se aproximou e começou a caminhar com eles (*Bíblia de Jerusalém*. Paulus, 1991, p. 1350).

A educação religiosa autêntica deve seguir os passos indicados pelo próprio Jesus no caminho de Emaús. Se fizermos a leitura completa desse trecho bíblico contemplaremos sete atitudes cristãs fundamentais no processo de formação: aproximação, escuta, provocação, recordação, desejo, partilha e conversão. Assumir essas atitudes no nosso jeito de fazer educação é trazer para o centro do processo formativo o cunho evangelizador.

Falar de educação religiosa exige uma reflexão séria sobre a relação da juventude e a religião hoje. Regina Novaes explica que:

> na emergência de um mundo religioso plural, cresce a presença de grupos e indivíduos cuja adesão religiosa resulta tanto na reinvenção das tradições (em uma perspectiva identitária exclusivista, própria aos fundamentalismos)

quanto em rearranjos provisórios entre crenças e ritos com ou sem fidelidades institucionais (NOVAES, 2004, p. 3).

A juventude tem-se distanciado da institucionalidade religiosa, mas persevera no desejo e na busca do transcendente. São variadas as formas de se relacionar com o sagrado e precisamos compreender esse contexto para nos ajudar a repensar uma educação religiosa que, mesmo no campo institucional, dê conta de se tornar menos pesada, mas não menos consistente; menos focada nas regras e nas normas e mais centrada na vida que pulsa e grita por autonomia.

De que projeto de educação estamos falando?

O projeto de educação vigente no Brasil considera que é preciso, para bem educar, potencializar as seguintes aprendizagens: aprender a aprender, aprender a ser, aprender a conviver e aprender a fazer. Dessa forma, a educação religiosa deve preocupar-se em aprender a aprender do jeito de Jesus; aprender a ser do jeito de Jesus; aprender a conviver do jeito de Jesus; e aprender a fazer do jeito de Jesus.

Aprender a aprender do jeito de Jesus. Jesus de Nazaré aprendia com as pessoas, com tudo que estava a sua volta. De todos os gestos e acontecimentos humanos, ele tirava mais uma lição; aprendia para partilhar, não para pisar nas pessoas; e crescia para fazer o bem.

Aprender a ser do jeito de Jesus. Jesus de Nazaré era amigo, companheiro do povo, andarilho, um homem sempre em movimento, apaixonado pelo ser humano, obediente ao Pai e disposto a enfrentar sistemas e poderosos para a defesa da vida dos menores. Ser do jeito de Jesus é amar sem medida, como nos convida Santo Agostinho.

Aprender a conviver do jeito de Jesus. Para conviver com o ser humano, Jesus derrubou os muros dos preconceitos, das normas vazias, dos distanciamentos sem sentido. Ele se igualou, humilhou-se, se fez o menor dos menores. Jesus ia às casas, entrava nas vidas das pessoas, conhecia os desejos, as angústias e os sofrimentos do seu povo.

Aprender a fazer do jeito de Jesus. Jesus fazia o bem, agia com justiça e amor autêntico; falava a verdade; fazia a vontade de Deus e a fez até o último momento. Jesus fazia milagres, levantava caídos, abria os olhos daqueles que não enxergavam a opressão. Jesus fazia o silencioso falar e gritar por justiça.

Quais são as nossas referências no campo da educação?

Na perspectiva da educação popular, Paulo Freire é a grande referência no campo da educação. Libânio, ao citar Paulo Freire na obra *Para onde vai a juventude?*, lembra que "a pedagogia conscientizadora e libertadora de Paulo Freire reforça o valor do sujeito que extrojeta o dominador que o habita para encontrar a si mesmo na sua dignidade e singularidade. Opõe-se à educação bancária pelo processo de conscientização". Ainda nesse campo de referenciais da educação, trazemos Carlos Brandão, que traduz a educação como "corresponsável por constituir, interativa e culturalmente, as condições da criação e da circulação de saberes, de valores, de motivações e de sensibilidades". Madalena Freire pode, ainda, compor essa ciranda, e nos convidar a "educar o desejo e a falta".

As referências citadas nos ajudam a pensar uma educação que casa com bastante facilidade com a nossa proposta de evangelização. Recordando a trajetória de Jesus de Nazaré, vemos frequentemente que a sua ação libertava as pessoas, empoderava gente simples e invisível socialmente. Libertação é uma palavra comum na perspectiva da educação popular e, também, na perspectiva de uma evangelização inculturada e atualizada. A Nova Evangelização e a Nova Escola ou ajudarão o ser humano no seu processo de busca incessante por liberdade ou não serão condizentes com o contexto contemporâneo. Evangelização e Educação precisam caminhar juntas para dar sentido à vida, para fazer deste mundo um lugar onde emanam justiça, caridade, equidade e paz.

Qual é a concepção ou quais são as concepções de juventude que estão sendo parâmetros para o nosso projeto de educação?

Diversos são os conceitos sobre juventude, que perpassam as áreas biológica, psicológica, social e cultural. Diferentes, também, são as concepções de juventude: momento preparatório para a vida adulta, etapa problemática da vida, fase estratégica do desenvolvimento e segmento de construção de sujeitos de direitos. A concepção que mais tem sido elucidada é a que encara a juventude como a etapa da vida singular do desenvolvimento pessoal e social, por onde os jovens passam a ser considerados como sujeitos de direitos, tendo reconhecidas as suas demandas sociais específicas. Apenas recentemente é que se passou a considerar a juventude como fase da vida marcada por processos de desenvolvimento, identificação e experimentação social, dentro da ideia de condição juvenil. Levando em consideração a faixa etária de 15 a 29 anos, a juventude brasileira compreende mais de 60 milhões de pessoas.

A educação que tem como parâmetro uma concepção de juventude como etapa preparatória, estará sempre formando o sujeito jovem para o tempo futuro, colocando-o no lugar da espera e do ainda não. A concepção de juventude como etapa problemática gera um projeto de educação da correção, da limitação, do enquadramento e da uniformização. Perceber a juventude como etapa estratégica poderá colocar sobre os jovens a responsabilidade da mudança social, desconsiderando o papel fundamental do diálogo intergeracional e da participação cidadã de todos e todas. Por fim, a concepção de juventude que considera o jovem como sujeito de direitos garante ao educando espaços de diálogo, poder compartilhado e construção coletiva. Verifiquemos com cuidado qual dessas concepções estamos fortalecendo com o nosso projeto de educação.

Falando de conceito de juventude, Helena Abramo nos ajuda a pensar o seguinte:

> Juventude é um desses temas que parecem óbvios, dessas palavras que se explicam por elas mesmas; é assunto a respeito do qual todo mundo tem algo a dizer, normalmente reclamações indignadas ou esperanças entusiasmadas. Afinal, todos nós somos ou fomos jovens (há mais ou menos tempo), convivemos com jovens em relação mais ou menos próximas, e nas últimas décadas eles têm sido tema de alta exposição (ABRAMO, 2005, p. 37).

É fantástica essa ideia de Abramo, principalmente por nos colocar no lugar do sujeito jovem, de nos fazer recordar a nossa própria juventude, porque é perceptível que adultos falam de jovens de uma forma que parece que eles nunca foram jovens. E vale, ainda, refletirmos que toda fase da vida é uma fase de construção de si mesmo e que a todo o momento estamos nos refazendo. Claro que, ao longo dos anos, a intensidade e a possibilidade de mudar vão ganhando várias preocupações e reflexões. A juventude muda e revoluciona com uma facilidade bem maior. Antes dos 30 anos, temos mais disposição e abertura para transformações pessoais e coletivas.

Fala-se bastante, hoje, que a marca dessa geração é a *informação*. Alguns até supõem a possibilidade de a escola estar perdendo espaço com a era da tecnologia. Duas perguntas precisam ser feitas: De fato, toda a juventude está conectada? Com o avanço da tecnologia, a escola perde espaço ou o espaço da escola tem de ser ressignificado? Por mais avançado que seja o instrumento tecnológico, ele não será capaz de substituir a interação humana; há coisas que só aprendemos na relação, no diálogo, na convivência.

Qual é o espaço da educação religiosa?

É preciso pensar o espaço da educação religiosa para além do espaço escolar. Se insistirmos em focar na escola, quando a conversa for sobre a educação, estaremos perdendo de vista inúmeras alternativas de educação que nascem das instituições, mas principalmente que surgem da capacidade de invenção dos próprios sujeitos jovens. E, nesse caso, são espaços educacionais onde o jovem tem vez e pode ser quem ele é e fazer do seu jeito aquela ideia que não cabe na "forma da escola".

Reforçamos o espaço da educação para além da escola, mas é fato que a escola é o espaço privilegiado quando pensamos educação. A escola católica é o lugar privilegiado da educação religiosa. E os professores da escola católica são os principais atores desse cenário. Não dá para pensar numa educação que evangeliza, se o projeto pedagógico e os seus executores não estiverem focados nesse ideal. É sonho achar que um pequeno grupo, na comunidade escolar, irá dar contar de fazer de uma escola um centro de evangelização, se essa equipe não contar com o corpo docente. Definitivamente, é preciso cativar e preparar os professores numa proposta de formação continuada, consistente, para que a educação religiosa aconteça.

Historicamente, as dioceses questionam se é responsabilidade da escola católica catequizar crianças, jovens e adultos. Essa discussão é bem polarizada, mas duas questões são importantes para pensar: a escola alcança interlocutores que jamais seriam alcançados pela comunidade eclesial e a catequese na escola pode ser referência para a Igreja, porque as experiências que estão acontecendo demonstram um jeito singular de fazer catequese e cheio de sentido.

Quem são os educadores?

Na contemporaneidade há um debate acirrado sobre a responsabilidade da educação. Infelizmente há, ainda, um processo de culpabilização do insucesso da educação; quando algo sai errado, começa um jogo de passar a bola para saber "de quem é a culpa?". O papel de educador é compartilhado e as instituições partilham entre si essa sagrada tarefa. Família, Sociedade Civil e Igreja são as mais visíveis instituições corresponsáveis pela educação dos nossos jovens. Na escola escutamos muitos educadores dizerem que a família não tem dado conta da educação que é doméstica. As famílias, por sua vez, se queixam de professores que não conseguem estabelecer relação de autoridade com os seus estudantes. E a sociedade reclama de jovens que não dão conta de construir relações pautadas em valores humanos básicos e fundamentais. No meio desse "jogo de empurra", muitos jovens se escondem nas caixas mágicas do computador, do celular e da TV, tentando encontrar luzes e sentido para a vida.

Dom Helder Camara dizia que "o único Evangelho que muitas pessoas irão ler será o nosso testemunho". O testemunho do educador diz muito mais que um texto, uma aula, uma catequese. Nosso jeito de agir e de se relacionar com as pessoas precisa revelar a verdade que acreditamos e pregamos. Nossa ação diz mais que palavras soltas ao ar. A evangelização acontece a cada momento, quando cada seguidor faz o que Jesus fez, por meio de palavras, mas principalmente através das suas obras.

Qual é a juventude que temos, queremos e formamos?

Temos uma juventude plural, carregada de diversidades e desigualdades. Sujeitos jovens que buscam reconhecimento, autonomia, espaço, oportunidade, visibilidade e a construção de experiências repletas de descobertas, experimentações e aprendizagens. Será que é essa juventude que queremos e formamos? Formamos para a vida ou para passar no vestibular? Formamos para o empoderamento dos sujeitos ou para repetição da tradição?

Os nossos educadores conhecem os jovens? "Conhecer é condição prévia para amar, não podemos amar o que não conhecemos." Paulo Freire dizia com veemência que não há educador sem amor. O Padre Hilário Dick diz que estamos diante de uma sociedade que não ama e não acredita na juventude. Se a juventude não for amada por seus educadores, em vão será a nossa vontade de fazer da educação religiosa uma ação evangelizadora.

Depois de tantas provocações, o que fica dessa conversa sobre educação religiosa?

A educação e, de maneira mais específica, a educação religiosa pode contribuir de maneira significativa para construção do sujeito. As relações construídas no espaço educacional com os pares e com os educadores podem mudar completamente os rumos das vidas das pessoas; podem deixar marcas que gerarão seres livres e felizes ou seres frustrados e totalmente dependentes, incapazes de perceber o brilho e o potencial que carregam. De que maneira vamos educar para possibilitar olhos brilhantes? Leonardo Boff nos incita que, ao educar, "não enchamos vasilhas, mas sejamos capazes de acender luzes". Uma educação religiosa que acende luzes é verdadeiramente evangelizadora. Temos contato diariamente com jovens que estão com as suas luzes apagadas; jovens que perderam a vontade de sonhar e de viver. Qual é o papel da educação religiosa diante desse contexto de eternas insatisfações e de morte?

A educação religiosa deve favorecer, valorizar e acolher corpos em movimento, vidas partilhadas, belezas diversas, cores, sonhos, expressões e culturas juvenis, as diversas linguagens artísticas e, acima de tudo, "jovens cheios do espírito de Jesus". Encher-se do espírito de Cristo é transbordar justiça, amor, esperança, perdão, caridade e paz. É importantíssima a contribuição da educação religiosa para a construção do Reino de Deus, do Outro Mundo Possível, da Civilização do Amor. A tarefa urgente e necessária é a de formar homens e mulheres capazes de construir uma comunidade humana do bem, da solidariedade e da irmandade.

São várias as Congregações que têm como carisma a educação cristã de crianças, adolescentes e jovens. As iniciativas e os projetos são belíssimas experiências que muitas vezes não se conversam e não encontram espaços para o diálogo e para a articulação. Podemos aprender muito uns com os outros, partilhando experiências e articulando as nossas potencialidades. Enquanto formos ilhas e nos isolarmos dentro dos muros das nossas instituições, perderemos a grande possibilidade de fortalecer correntes, redes, teias, cirandas, de fazer *comunidade*.

É estimulante e animador começar ou terminar uma conversa sobre educação com o mestre Rubens Alves, que sempre nos traz boas inspirações para continuar a caminhada e regar a semente do sonho e da esperança.

Há escolas que são gaiolas e escolas que são asas.
Escolas que são gaiolas existem para que os pássaros
desaprendam a arte do voo.
Pássaros engaiolados são pássaros sob controle.
Engaiolados, o seu dono pode levá-los para onde quiser.
Pássaros engaiolados sempre têm um dono.
Deixaram de ser pássaros, porque a essência
dos pássaros é o voo.
Escolas que são asas não amam pássaros engaiolados.
O que elas amam são pássaros em voo.
Existem para dar aos pássaros coragem para voar.
Ensinar o voo, isso elas não podem fazer,
porque o voo já nasce dentro dos pássaros.
O voo não pode ser ensinado. Só pode ser encorajado.
(Rubem Alves)

Referências bibliográficas

ABRAMO, Helena Wendel; BRANCO, Pedro Paulo Martoni. *Retratos da juventude brasileira*: análises de uma pesquisa nacional. São Paulo: Editora Fundação Perseu Abramo, 2005.

BÍBLIA SAGRADA. Edição Pastoral. São Paulo: Paulus, 1991.

BOFF, Leonardo. *Críticos, criativos e cuidantes*. Texto publicado em 2005.

BRANDÃO, Carlos Rodrigues. *A educação popular na escola cidadã*. Petrópolis, RJ: Vozes, 2002.

CNBB – Conferência Nacional dos Bispos do Brasil. *Evangelização da Juventude*: desafios e perspectivas pastorais. Brasília: Edições CNBB, 2007.

FREIRE, Paulo. *Pedagogia da autonomia*. São Paulo: Paz e Terra, 1998.

_____. *Pedagogia do oprimido*. Rio de Janeiro: Paz e Terra, 2005.

NOVAES, Regina. Os jovens "sem religião": ventos secularizantes, espírito de época e novos sincretismos. Notas preliminares. *Revista Estudos Avançados* 18 (52), 2004.

Renovação da Vida Religiosa
Relação entre a Vida Religiosa e o laicato pós-Concílio

Vilma Moreira[*]

1. Recordando...

Lembro-me muito bem do 25 de janeiro de 1959... Eu havia chegado recentemente a Roma para estudar Teologia. Estive na última audiência de Pio XII e na entronização de João XXIII. Na manhã de 25 de janeiro, na Basílica de São Paulo *extramuros*, João XXIII anunciou que a Igreja celebraria um novo Concílio.

Recordo ainda as ressonâncias do anúncio nos meios eclesiásticos: "Ato de loucura ou de coragem?" "A Igreja não está preparada para um Concílio!" "Um ancião, 'um papa de transição', vai se 'aventurar' e colocar a Igreja numa situação de revisão?" "Talvez a convocação de um

---

[*] Vilma Moreira é bacharel em Filosofia e em Inglês; mestra em Teologia e em Filosofia da Educação. Religiosa da Congregação das Filhas de Jesus: ex-provincial do Brasil, ex-conselheira-geral e atual conselheira da província Brasil-Caribe. Atualmente, assessora o campo da Espiritualidade, da Teologia da VR e da Formação FI.

Concílio seja não só um desafio, mas também uma busca de respostas às necessidades da Igreja e do mundo", diziam outros. Comentava-se que Pio XII tinha desejado realizar um Concílio, mas não se atrevera a fazê-lo. Seu sucessor o faria? As palavras de João XXIII me encheram de esperança. Ao anunciar o Concílio, disse que "a ideia lhe brotou do coração e aflorou a seus lábios como uma graça de Deus, como uma luz do alto, com suavidade no coração e nos olhos, com grande fervor". E ele foi fiel.

Vivi em Roma durante os anos de preparação do Concílio. Ficava cada vez mais claro que seria muito difícil realizá-lo, que a preparação devia ser muito cuidada e que o Papa Roncalli tinha tido realmente muita garra, coragem e audácia no Espírito.

João XXIII só presidiu a Primeira Sessão. Seu sucessor, Paulo VI, o continuou. Durante as três sessões posteriores, levou adiante o Vaticano II até a clausura, no dia 8 de dezembro de 1965. Todos os documentos foram cuidadosamente elaborados, discutidos, emendados, reelaborados. Às vezes, tinha-se a impressão de que os padres conciliares não chegariam nunca a um consenso. Chegou-se à votação na terceira e quarta sessões, com algumas concessões. Foram amplamente aprovados, quase por unanimidade. Na clausura da terceira sessão votou-se a *Lumen Gentium*. Com ela, realizou-se uma verdadeira "guinada" na concepção da Igreja: passou-se do modelo piramidal ao de uma Igreja Povo de Deus a caminho, comunidade evangelizadora e ministerial, com diversidade de serviços. O ponto de partida é único: *o Batismo* que nos faz filhos e filhas de Deus, iguais em dignidade e chamados/as à santidade em Cristo. A *Lumen Gentium* foi fundamental para acolher, entender e aprofundar, depois de aprovados, na Quarta Sessão, os Decretos sobre a Vida Religiosa e sobre os Leigos.

2. A preparação do esquema sobre a Vida Religiosa

Antes mesmo da convocação oficial do Concílio, João XXIII nomeou uma Comissão preparatória para o tema da Vida Religiosa. A Comissão partiu das 558 propostas que chegaram a Roma. Depois de muito trabalho chegou-se a 200 artigos que foram levados à imprensa em janeiro de 1962 e entregues à Comissão de Redação do Concílio. Foram-lhe feitas muitas observações críticas. O texto foi revisto pela Comissão Preparatória dos Religiosos e o resultado foi enviado aos participantes do Concílio como "Esquema preparatório".

O texto era pobre, com características mais normativas e jurídicas do que teológico-espirituais. Faltavam-lhe "carisma" e "garra". Foi encurtado, reelaborado e reduzido a 51 artigos. Cleto Caliman sublinha os principais aspectos que foram objeto de muita discussão na aula conciliar antes de se chegar ao texto definitivo. Retomo alguns deles:

- as diferentes abordagens do que deveria desencadear uma verdadeira renovação da Vida Religiosa: linguagens diferentes, seja na linha mais ascética e jurídica, seja na de uma orientação mais teológica e espiritual;
- a falta de conexão com a realidade de um mundo em mudança, com a dimensão histórica; e também a falta de um sentido *mais pastoral* e de presença no mundo que deveria caracterizar todo o Concílio, como insistia João XXIII;

- a relação da VR com a vida cristã, sem "divisão de classes". Já não se podia falar da VR como "estado de perfeição". Isto implicaria um "estado de imperfeição" para os cristãos que viviam "no mundo profano".
- O tema da VR contemplativa e o da apostólica, sem dicotomias; a unidade entre a contemplação e o apostolado.[1]

Colocadas estas premissas, podemos referir-nos à *Lumen Gentium*, que teve tanta influência em todos os documentos conciliares e nas realizações da Vida Religiosa e Laical nos últimos 50 anos.

3. A Constituição Dogmática *Lumen Gentium*

A *Lumen Gentium* foi em princípio a concretização de uma verdadeira "revolução" teórica e prática na Eclesiologia. Durante muitos séculos pensamos e vivemos numa Igreja piramidal, considerada até "uma sociedade perfeita". Depois de muita reflexão e busca, o Concílio chegou finalmente à concepção de uma *Igreja Povo de Deus a caminho, em fraternidade com cristãos e não cristãos*. O fato de colocar-se o capítulo sobre o Povo de Deus antes do dedicado à Hierarquia revela toda uma mudança eclesiológica. Passa-se de uma concepção verticalista para a de comunhão: uma Igreja/fraternidade fundada no Batismo de todos os seus membros. Muda também a concepção da Hierarquia. Assume-se a atitude de colegialidade e corresponsabilidade no serviço pastoral. A partir dessa

---

[1] Cf. CALIMAN, C. *Perfectae Caritatis*: texto e comentário. São Paulo: Paulinas, 2012. pp. 17-21; cf. CODINA, V. Hace 50 años hubo un Concilio... *Cristianisme i Justicia*, Barcelona, n. 182, pp. 9-16; 20-21, 2012.

"virada eclesiológica", deram-se muitas conversões. Hoje conhecemos muitos gestos concretos nessa linha, seja da parte dos Padres conciliares que assinaram o "Pacto das Catacumbas", seja de outros bispos da atualidade e, mais recentemente, do Papa Francisco. E sabemos também de muitas controvérsias e contratestemunhos. Uma mescla de primavera e de inverno eclesial...

É muito importante a ordem dos capítulos na *Lumen Gentium*. Definido o Mistério da Igreja (cap. I), o Povo de Deus (cap. II) e a Hierarquia e ministério dos bispos e presbíteros (cap. III), são colocados os Leigos na Igreja (cap. IV); depois a Vocação Universal à santidade na Igreja (cap. V) e, finalmente, a Vida Religiosa (cap. VI).

Parece-me que a melhor definição conciliar da Vida Religiosa se encontra justamente no capítulo IV, sobre *Os Leigos*. Ali se lê:

> A índole secular caracteriza especialmente os leigos... E os *religiosos, por seu estado, dão brilhante e exímio testemunho de que não é possível transfigurar o mundo e oferecê-lo a Deus sem o espírito das bem-aventuranças.* É porém específico dos leigos, por sua própria vocação, procurar o Reino de Deus exercendo funções temporais e ordenando-as segundo Deus (LG 31 – grifo nosso).

É usual na linguagem da Igreja expressar o "dever ser" no presente. Aqui se diz que os religiosos *dão* testemunho da transfiguração do mundo pela vivência das bem-aventuranças, o que, infelizmente, nem sempre é verdade. A Vida Consagrada está, sim, chamada a dar testemunho de que o mundo de hoje não pode ser "transfigurado" nem "oferecido a Deus" sem essa vivência. É essa sua razão de ser, sua missão específica. É a partir daí que devem concretizar-se os carismas fundacionais em sua diversidade. Como membros do Povo de Deus – façamos ou não parte da hierarquia –, todas e todos somos igualmente chamados à santidade. E a Vida Religiosa – como seguidora de Jesus – está especialmente convidada a viver o Evangelho "sem glosa", como queria Francisco de Assis. A síntese do evangelho de Jesus e do Jesus do evangelho se expressa nas bem-aventuranças. A partir da nova concepção eclesiológica e da vocação universal à santidade, a Vida Consagrada deixa de ser considerada "estado de perfeição". A *Lumen Gentium* a denomina "estado religioso". Como escreve Régamey, a partir do n. 31 da *Lumen Gentium*, fica muito claro, no interior da Igreja, Povo de Deus e no mundo, a complementaridade entre o testemunho dos religiosos e o dos leigos. Os religiosos e religiosas se conscientizam de como a vocação à santidade leiga colabora para a sua santidade, bem como para a vivência dos conselhos evangélicos. Para viver a mística desses conselhos, todo o Povo de Deus tem necessidade de que eles se cumpram na Vida Religiosa do modo mais integral e exclusivo. Daí o chamado para testemunhar a transcendência do Reino mediante um amor sem divisões, "que deve expandir seu coração de forma evidente (castidade), pelo despojamento dos bens (pobreza) e uma obediência que estimule sua vontade de filhos de Deus, numa comunidade fraterna que antecipa o Reino".[2]

No capítulo VI sobre *Os Religiosos*, encontramos outra afirmação importante para definir o papel da Vida Religiosa na Igreja. No Pós-Concílio, ela deu lugar a muita

---

[2] Cf. REGAMEY, R. *L'exigence de Dieu*. Redécouvrir la Vie Réligieuse. Paris: Du Cerf, 1969. pp. 82-84. Cf. também BILBAO, G. U. *Portar las marcas de Jesús*. 4. ed. Madrid: Comillas-DDB, 2007. p. 58-61.

reflexão e questionamentos sobre o caráter laical de grande parte dela:

> Do ponto de vista da estrutura divina e hierárquica da Igreja, tal estado não constitui um estado intermediário entre o clerical e o laical. Mas de ambos são chamados alguns fiéis por Deus a fim de desfrutar desse peculiar dom na vida da Igreja, procurando cada qual o seu modo de ser útil à sua missão salvífica (LG 43).

Parece-me que só à luz do que se viu e especialmente dos capítulos II, IV, V e VI da LG, foi e é possível continuar refletindo, desenvolvendo e tematizando a "Teologia da Vida Religiosa" na Igreja pós-conciliar. Aí estão suas grandes linhas e seus principais elementos teológico-espirituais. Hoje, 50 anos depois, vemos que só a essa luz podemos ler e reler hoje o Decreto sobre a Vida Religiosa.

4. O Decreto *Perfectae Caritatis*

4.1. O caminho

O Decreto sobre a Vida Religiosa passou por muitas revisões e recebeu três títulos ao longo da caminhada, desde a preparação do Concílio até sua aprovação na Quarta Sessão. Na Segunda Sessão (29/9-4/12/1963), ainda que não chegasse a ser tratado explicitamente na aula conciliar, desapareceu o título *De statibus perfectionis adquirendae* ("Sobre os estados para adquirir a perfeição"). A expressão "Estado de perfeição" já tinha sido criticada e retirada da definição da Vida Religiosa. O título seguinte: *De Religiosis* passou ao capítulo VI da *Lumen Gentium* como "Os Religiosos". A Terceira Sessão do Concílio (14/9 – 21/11/1964) foi muito importante e proveitosa para o texto definitivo, aprovado quase no final da Quarta Sessão (14/9-8/12/1965). Chegou-se ao título *De Accommodata Renovatione Vitae Religiosae*, isto é, "Da conveniente Renovação da Vida Religiosa". Este título expressa fundamentalmente o que o Concílio pedia à Vida Religiosa. Já então o documento estava sintetizado em 21 proposições. Sobre elas trabalharam os Padres Conciliares com a ajuda dos peritos durante a Terceira Sessão. As emendas feitas – ou *modi* – chegaram a 14 mil! Pode-se imaginar o trabalho da *Comissão para os Religiosos*, com tal abundância de observações! Conseguiu-se sintetizá-las em 400 *modi*. Chegou-se assim à Quarta e última Sessão, de outubro a dezembro de 1965. Era a hora de recolher os frutos do processo de amadurecimento dos Padres Conciliares desde outubro de 1962. O texto final com o título *Perfectae Caritatis* (a "Caridade perfeita" – meta de toda vida cristã) foi aprovado por 2.321 votos a favor e 4 contra, e solenemente promulgado por Paulo VI no dia 28 de outubro de 1965.

4.2. Alguns pontos importantes

A direção tomada no estudo e elaboração do *Perfectae Caritatis* em sua última fase – a da aprovação – é clara e firme:

- Superou-se a visão unilateral jurídica e ascética que havia prevalecido nos últimos séculos.
- Chegou-se a uma melhor autocompreensão da VR em sua dimensão teológico-espiritual e consequentemente à necessidade de profunda renovação de suas estruturas.
- Acentuou-se a necessidade de uma maior coerência ao viver os conselhos evangélicos, como expressão

da essência da Vida Consagrada no seguimento de Jesus hoje.
- Aprofundou-se em sua dimensão cristológica e eclesiológica, à luz da *Lumen Gentium*.
- Sublinhou-se com força o relativo à natureza carismática da VR, como anúncio e testemunho do Reino, ou seja, sua dimensão escatológica.
- Reforçou-se a dimensão da filiação e da fraternidade nas comunidades religiosas, formadas por batizados e batizadas, chamados à santidade e à radicalidade do seguimento de Jesus como irmãos e irmãs.[3]

A leitura, reflexão e aprofundamento do *Perfectae Caritatis* foram e deverão continuar a ser sempre iluminados por outros documentos conciliares, a partir da *Lumen Gentium*, como já explicitei. Quero indicar também a *Sacrosanctum Concilium* (nn. 80, 98 e 101) e os decretos *Christus Dominus* (nn. 33-35) e *Ad Gentes* (nn. 18 e 40). Além deles quero lembrar em especial o decreto sobre os leigos, o *Apostolicam Actuositatem*, e a Constituição Pastoral *Gaudium et Spes*, que foi e continua sendo uma referência muito importante para ajudar a VR na leitura, discernimento e busca – à luz do Espírito – de novas respostas aos Sinais dos Tempos.

4.3. Visão geral do Decreto *Perfectae*

Vou deter-me somente em alguns dos 25 números do Decreto sobre a "Atualização dos Religiosos". O principal convite é à "renovação", à "atualização": ao que João XXIII chamou de *aggionarmento* e que o Decreto chama

---
[3] Cf. CALIMAN, C. Op. cit., pp. 23-25.

de "volta às fontes". Consta de um Proêmio (1) e de cinco partes: questões gerais (2-6); tipologia ou formas da VR (7-11); elementos essenciais: os votos e a vida comum (12-15); aspectos específicos (16-18); pontos urgentes a serem tratados (19-24) e uma breve conclusão (25).[4]

Retomo alguns números que oferecem, de modo especial, uma definição da identidade da VR, não só a partir do ponto de vista jurídico como se fazia antes, mas também unido ao da vida e santidade da Igreja. Isso aparece claramente desde o n. 1, o do *Proêmio*, uma espécie de Prefácio, no qual se retomam pontos já enunciados no capítulo VI da *Lumen Gentium*. Parte-se de um Seguimento de Jesus "com maior liberdade" e de sua imitação "mais de perto", pela prática dos conselhos evangélicos que caracterizaram a VR desde suas origens, na diversidade de formas e de grupos religiosos. No parágrafo seguinte define-se mais uma vez esse "estado de vida":

> Em tão grande variedade de dons, quantos são por Deus chamados à prática dos conselhos evangélicos e os professam com fidelidade, consagram-se de maneira especial ao Senhor, seguindo ao Cristo que, sendo virgem e pobre, pela obediência até a morte de Cruz, redimiu e santificou os homens. Assim, levados pela caridade que o Espírito Santo derramou em seus corações, mais e mais vivem para Cristo e para Seu Corpo que é a Igreja. Quanto mais fervorosamente, pois, se unem a Cristo, por essa doação de si mesmos que abrange a vida toda, tanto mais rica se torna a vida da Igreja e tanto mais vigorosamente se desenvolve seu apostolado (PC 1).

---

[4] Cf. CALIMAN, C. Op. cit., p. 40.

Não há grandes novidades, mas fica bem clara uma Cristologia da VR em que o *plus* se coloca no *magis*: seguir a Jesus com *maior liberdade, mais de perto* e viver *mais e mais* para Ele. É do "mais" que nasce sua fecundidade espiritual e missionária.

Dos números 2 ao 4 são colocados os *critérios teóricos e práticos* para a atualização, em resposta às necessidades dos tempos, por meio de uma volta atualizada às fontes e uma revisão da organização dos governos, constituições e outros códigos. A atualização só poderá ser alcançada com a cooperação de todos os membros dos Institutos. Parece-me que o n. 5 é especialmente interessante por alguns aspectos nele sublinhados:

- Graças aos conselhos evangélicos, os religiosos/as *vivem unicamente* para Deus.
- A peculiar consagração, radicada no Batismo, supõe a entrega da *vida inteira*.
- Pela Vida Consagrada se participa nas *virtudes* e no *aniquilamento de Cristo*, ao mesmo tempo que em *sua vida no Espírito*.
- Finalmente, uma última definição teológica da identidade da VC: *a totalização da existência em Cristo*.

Assim, os religiosos, fiéis à sua profissão, abandonando tudo por Cristo, sigam-nO como único necessário, ouvindo-Lhe as palavras e preocupando-se com o que é d'Ele. Por tal motivo, os membros de todo e qualquer Instituto, procurando antes de tudo e tão somente a Deus, devem unir a contemplação, pela qual aderem a Deus com o espírito e o coração, ao amor apostólico, pelo qual se esforçarão por associar-se à obra da Redenção e por dilatar o Reino de Deus (PC5).

A união da contemplação e do apostolado é fundamental para entender a Vida Consagrada sem dicotomias. Assim como existe um chamado universal à santidade, existe um chamado à unidade contemplação-ação, que deve explicitar-se de acordo com as diversas formas de VR.[5]

O n. 10 do PC toca um tema interessante e atual: a questão da Vida religiosa leiga. O n. 11 trata dos Institutos Seculares; os três números seguintes (12-14) da "tríade", ou seja, os três conselhos evangélicos: a castidade, a pobreza e a obediência, que constituem os principais elementos teológico-espirituais professados na VR. Eles se relacionam com três áreas fundamentais da vida humana: à área da *pessoa* no que diz respeito à sexualidade, afetividade, maternidade e paternidade e socialidade (Castidade); à área da posse e do uso dos bens materiais e simbólicos (Pobreza); à área da livre disposição de si mesma na escuta e resposta à Vontade de Deus em suas diversas manifestações (Obediência). O n. 15 trata da Vida em comum, elemento fundamental na vivência dos conselhos evangélicos, sem divisão de classes, como expressão da "perfeita caridade" que estamos chamados/as a testemunhar. À continuação são apontados alguns temas específicos: a clausura das monjas, o hábito religioso (objeto de tantas discussões num mundo pluralista como o nosso) e a formação (16-18). O n. 18 sobre a *Formação* despertou grande interesse e tem sido objeto de constante preocupação e realizações da Vida Religiosa, na busca da atualização e preparação de seus membros em todos os

---

[5] Cf. BILBAO, G. U. Op. cit., p. 250-257.

campos: uma formação permanente, que abarca toda a vida e a vida inteira.[6]

Na quinta e última parte do Decreto são tratados alguns aspectos específicos da VR: a fundação de novos Institutos (19), a conservação, atualização ou abandono das obras próprias (20), a questão da decadência nos Institutos e mosteiros e a união em federações (21-22). Um ponto muito importante e de grande atualidade é o das Conferências de Superiores Maiores (22), cujo âmbito tem-se ampliado. Em outros Continentes, mas especialmente na AL e Caribe, muitas Conferências de Religiosos/as congregam a todos os seus membros. A última recomendação do PC se dirige às Vocações (24), sendo o testemunho de vida a melhor pastoral vocacional. O número conclusivo, o 25, constitui uma espécie de síntese do essencial da VR em sua dimensão teológico-espiritual, à luz do capítulo VI da *Lumen Gentium* e do que se tratou no Decreto. Olhando para o futuro, todos os religiosos/as são convidados a difundir a Boa-Nova de Cristo com sua vida e missão:

> Os Institutos, para os quais se estabelecem essas normas de atualização, respondam com disponibilidade de espírito à sua vocação divina e à sua tarefa na Igreja de nossos tempos. O Sagrado Concílio tem em grande apreço seu gênero de vida – virginal, pobre e obediente – de que o próprio Cristo Senhor se fez exemplo; deposita firme esperança em sua atividade tão fecunda, escondida e pública. Por isso os religiosos todos, pela integridade de sua fé, pela caridade para com Deus e o próximo, pelo amor da cruz e a esperança da futura glória, propaguem a

---
[6] Nota: Remito-me à obra já citada de Cleto Caliman, pp. 68-84. À luz do Decreto PC, ele apresenta um denso e atualizado estudo dos três conselhos evangélicos em sua relação com a vida de fraternidade, bem como com outros elementos que devem caracterizar a VR hoje.

Boa-Nova de Cristo no mundo todo, a fim de que o testemunho deles seja por todos visto e seja glorificado nosso Pai que está nos céus (PC 25).

5. Vida Religiosa e laicato

5.1. Os leigos na Igreja

Segundo Gabino Uríbarri Bilbao, uma das maiores novidades e avanços do Vaticano II, em continuidade ao que os precedeu, é o *reconhecimento do valor do leigo/a na Igreja*. Já me referi aos capítulos II e IV da Constituição dogmática *Lumen Gentium*, "onde a Igreja expõe, de maneira solene e autorizada, sua autocompreensão". O capítulo IV é dedicado aos leigos, mesmo sendo eles o centro do capítulo II sobre o Povo de Deus. A mudança que se dá, seja na definição teológica do laicato, seja na autocompreensão por parte dos leigos/as de si mesmos, tem uma dupla consequência: a) a mudança de sua posição na Igreja, na linha de uma colaboração mais estreita por meio de diversos ministérios; e b) a redefinição dos demais membros da comunidade eclesial. Isso ajuda a romper com um modelo eclesial dual e clericalizado. Como consequência, uma dupla tarefa: a) antes de tudo, "a recuperação da identidade e do valor do laicato, que não poderá levar-se a cabo sem a acomodação do ministério ordenado e dos outros ministérios e funções eclesiais, a esta nova situação"; e b) cada estamento deve "renegociar" sua identidade dentro da eclesiologia de comunhão do Vaticano II. Isso afeta também a Vida Religiosa, considerada desde os tempos de Orígenes um "estado de perfeição" e, portanto, mais santo do que o dos leigos, como já vimos. O chamado universal à santidade (cap. V) muda totalmente essa visão ao insistir no Batismo como sua fonte. Junto com esse capítulo é preciso voltar também ao cap. II, sobre o Povo de Deus, no qual se insiste naquilo que todos os cristãos e cristãs temos em comum: a dignidade, a filiação e a vocação à santidade: "Um só Senhor, uma só fé, um só Batismo" (Ef 4,5). A LG 32 insiste na "igualdade na diferença" entre os ministros e os leigos. No Decreto sobre os Leigos, n. 2, sublinham-se a diversidade de ministérios e a unidade na missão na Igreja: "a conexão e coesão dos membros de um corpo vivo" (cf. Ef 4,16). Por isso, no pós--Concílio, quando se insiste na especificidade da Vida Religiosa por meio das características já indicadas, insiste-se também em que elas não significam em nada um elitismo ou superioridade com relação a outros estados de vida na Igreja.[7] Outra questão que se apresenta a partir daí é a que se refere à *Consagração*, apresentada na *Lumen Gentium* e no *Perfectae Caritatis*:

> Pelo Batismo ele (o religioso) está morto para o pecado e consagrado a Deus... Mas para que possa colher frutos mais abundantes da graça batismal, procura, pela profissão dos conselhos evangélicos na Igreja, livrar-se de impedimentos que o possam afastar do fervor da caridade e da perfeição do culto divino e consagrar-se mais intimamente ao serviço de Deus. *Essa consagração será mais e mais perfeita* à medida que, através de vínculos mais sólidos e estáveis, representar melhor Cristo unido à Igreja, sua esposa, por laço indissolúvel... (LG 44).
>
> Os religiosos [...] consagram toda a sua vida ao serviço de Deus. Constitui isso *certa consagração especial*,

---

[7] Cf. BILBAO, G. U. Op. cit., pp. 57-61.

que está intimamente radicada na consagração do Batismo e a exprime mais plenamente (PC 5).

No passado, um dos motivos da "separação e superioridade" da Vida Religiosa com relação à laical se baseava na questão da Consagração. Uma pergunta muito discutida nos inícios do pós-Concílio foi esta: – A Consagração religiosa é a mesma Consagração batismal ou outra? Naquela época debrucei-me especificamente sobre a questão. O resultado de meu estudo está num folheto publicado pela CRB e pela CLAR. Parto do dado bíblico da "eleição, vocação, resposta, consagração e missão". Ao estudar a relação entre a consagração batismal e a religiosa, chego à conclusão de que se trata de "uma só consagração para a missão". Assim, a consagração religiosa significa para mim uma plenificação, "um desabrochamento da consagração batismal, que deve realizar-se numa dimensão de crescente inserção no mistério Pascal de Cristo [...] dentro de uma modalidade pessoal de vida".[8]

5.2. O Decreto *Apostolicam Actuositatem*

Quando João XXIII convocou o Concílio, ainda predominava na Igreja "uma visão unilateral do apostolado dos leigos, materializada na Ação Católica. Essa forma institucionalmente organizada do apostolado laical tinha inegáveis méritos, mas não podia ser a única nem o paradigma para todo o apostolado leigo". Daí as cinco redações do Decreto *Apostolicam Actuositatem*, até sua aprovação no

---

[8] Cf. MOREIRA, V. *Vocação e consagração*. Rio de Janeiro: Publicações da CRB, 1974. 60 pp. (Coleção Vida Religiosa); ou: *Compromiso religioso en la Historia*. Bogotá: CLAR 27, 1976. 76 pp.

dia 18 de novembro de 1965, 20 dias depois da aprovação do *Perfectae Caritatis*.[9]

O Decreto sobre os leigos/as foi fruto de uma longa reflexão prática da Igreja, através de estudos filosóficos e teológicos, de movimentos e de uma caminhada eclesial. Quero recordar especialmente uma das várias obras do Pe. Congar como uma das melhores contribuições no começo da tematização de uma Teologia do Laicato. Ele me iluminou bastante na elaboração de uma tese sobre a Confirmação como sacramento do apostolado leigo, nos albores do Concílio.[10]

Os Decretos são documentos mais operativos e práticos. Isso se nota claramente no Proêmio do *Apostolicam Actuositatem*, quando nele se lê que o Concílio – ao dirigir-se ao laicato, o maior de seus segmentos – deseja tornar mais eficaz sua ação apostólica.

O Santo Concílio, desejando *tornar mais intensa a atividade apostólica do Povo de Deus*, volta-se de maneira solícita aos cristãos leigos, cuja responsabilidade específica e absolutamente necessária na missão da Igreja já lembrou em outros documentos (AA 1 – destaque meu).

De fato, vários documentos conciliares se ocupam do tema do laicato, sobretudo a *Lumen Gentium*, como já se indicou. Outros documentos citados no Proêmio são os seguintes: a *Sacrosanctum Concilium* (sobre a Liturgia), nn. 26-40; a *Unitatis Redintegratio* (sobre o Ecumenismo), nn. 5-12; o *Christus Dominus* (sobre o ministério

---

[9] Cf. ALMEIDA, A. J. *Apostolicam Actuositatem*: texto e comentário. São Paulo: Paulinas, 2012. 111 pp. O texto entre aspas encontra-se à p. 8.
[10] Cf. CONGAR, J. Y. *Jalons pour une theólogie du laicat*. Paris: Du Cerf. Várias edições.

dos Bispos), nn. 16-18; a *Gravissimum Educationis* (sobre a Educação), nn. 3,5 e 7, e a *Inter Mirífica* (sobre os Meios de Comunicação), nn. 13-22. Ao situar o Povo de Deus em seu lugar dentro da perspectiva de uma eclesiologia integral, na qual todos os batizados são iguais em dignidade e chamados à santidade, esta ajuda a todos os segmentos da Igreja a ressituar-se, como já vimos, com relação à Vida Religiosa. O conceito é, ao mesmo tempo, antigo e novo, pela novidade que traz em si. Portanto, a Vida Religiosa – que tem inclusive uma dimensão laical como se viu na (LG n. 43) deve atuar juntamente com os leigos e leigas, dentro da especificidade de cada grupo. Isso nos leva a retomar alguns elementos importantes na relação entre Vida Religiosa e laicato.

6. A Vida Religiosa e o laicato no pós-Concílio

6.1. A caminhada da Vida Religiosa Apostólica

O Concílio insistiu na "volta às fontes", no *aggiornamento*, na "acomodada renovação" da Vida Religiosa. Desde seu término, em dezembro de 1965 até hoje, ela tem tentado responder aos diferentes apelos recebidos desde então na Igreja e no mundo atual.

A partir da promulgação dos documentos conciliares, sobretudo da *Lumen Gentium*, do *Perfectae Caritatis* e da *Gaudium et Spes*, na Quarta Sessão do Concílio, um "sopro do Espírito" invadiu toda a Vida Religiosa. Entretanto, as respostas foram bem diversas e quase nunca se chegou ao desejado *aggionarmento* ou a uma renovação profunda. As mudanças ficaram muitas vezes no exterior e perdeu-se bastante tempo discutindo-se sobre o hábito e outras formas externas nos Capítulos de renovação. Mas o processo estava instaurado. O chamado a "uma volta enriquecida às fontes" continuou animando a Vida Religiosa com maior ou menor intensidade. Na América Latina recebemos um impulso especial, sobretudo através das Conferências de Medellín (leitura latino-americana do Concílio), Puebla, Santo Domingo e Aparecida. E na Igreja Universal com os documentos posteriores ao Concílio: de Paulo VI, o *Motu Proprio Ecclesiae Sanctae*, em 1966, e a *Evangelica Testificatio*, em 1971. João Paulo II convocou o Sínodo sobre a Vida consagrada em 30/12/1991. Foi preparado com boa participação da VR. Realizou-se em novembro de 1994. Quinze meses depois, no dia 25 de março de 1996, foi promulgada a Exortação pós-Sinodal *Vita Consecrata*, que teve e ainda tem grande importância na nossa caminhada.

Para mim, *a opção preferencial pelos pobres*, assumida pela VR a partir de Medellín, constitui a grande força de renovação para a Vida Consagrada em nosso Continente e talvez no mundo. Fomos descobrindo – com tantas ajudas – novos rostos do Cristo Sofredor.[11] Tudo o que se foi vivendo no continente latino-americano e caribenho nos vai levando a realizar uma verdadeira redefinição da missão da Vida Consagrada e a descobrir novos espaços onde realizar a missão hoje.

Entretanto, a caminhada não foi tranquila. Houve e há muitas tentativas de "volta à grande disciplina" tão bem apresentadas pelo Pe. J. B. Libanio nos anos 1980,[12] e que ainda nos ajudam na análise do hoje. Há muitas

---

[11] Cf. Puebla nn. 30-39; Santo Domingo 178 e Documento de Aparecida, sobretudo, os números 402, 407 e 445.

[12] Cf. *As grandes rupturas socioculturais e eclesiais*. 2. ed. Petrópolis: Vozes/CRB, 1981. 194 pp.

"luzes e sombras" na caminhada, como assinalou mais recentemente o Pe. Carlos Palacio, num artigo para a revista *Convergência*. A partir de algumas convicções ou pressupostos sobre as origens evangélicas da VR e de uma releitura de sua evolução desde o Vaticano II, ele mostra que os novos caminhos ainda não foram totalmente percorridos. Estamos vivendo uma "crise de identidade pessoal e institucional" que provocou uma "crise da missão", no encontro e confronto com o sujeito pós-moderno, num "mundo líquido". Deu-se em grande parte da Vida Religiosa o que ele chama "uma redução monástica" "que causou à VR apostólica um mal mortal de *fragmentação*, do qual ela ainda não se recuperou": a perda da unidade entre "a experiência fontal de Deus, o envio em missão e a vida compartilhada". Faz-se urgente recuperar o fundamento da Vida Religiosa Apostólica, voltando realmente à nossa fonte, o Evangelho de Jesus e o Jesus do Evangelho. Daí um grande chamado ao "descentramento" que vivia Jesus, que é justamente o oposto ao "autocentramento" do sujeito moderno. Para responder melhor, temos também que nos perguntar sobre "como estamos" e "como permanecemos" na Vida Religiosa: temos que recuperar a força da vocação, para reconstituir a unidade vital, e recuperar também a qualidade de vida evangélica, o verdadeiro testemunho da Vida Religiosa Apostólica.[13]

6.2. A caminhada do laicato

A partir de tudo o que fomos vendo sobre as mudanças introduzidas pelo Concílio na vida e doutrina da

---

[13] Cf. PALACIO, C. Luzes e sombras da Vida Religiosa Consagrada nos dias de hoje. *Convergência*, n. 444, pp. 416-439, set. 2011.

Igreja, sobretudo com a *Lumen Gentium*, pode-se chegar a muitas mudanças na vida e missão dos leigos nela. Já indiquei várias dessas mudanças no que se refere à afirmação da igualdade e diferenças entre os membros do Povo de Deus. Na LG 32 lê-se que, como num corpo com diversidade de membros (cf. Rm 12,4-5), não há em Cristo e na Igreja nenhuma desigualdade em vista de raça ou de nação, condição social ou sexo, porquanto "não há judeu ou grego, não há servo ou livre, não há varão ou mulher, pois todos vós sois um em Cristo Jesus" (Gl 3,28; cf. Cl 3,11).

O Concílio foi não só ponto de chegada de uma longa reflexão sobre o laicato, mas, sobretudo, *ponto de partida* para sua maior participação na vida e missão da Igreja, de acordo com vários documentos conciliares. Também na América Latina e Caribe, vivemos um bom processo nos últimos tempos, ajudados pelos documentos de Medellín, Puebla, Santo Domingo e, sobretudo, o de Aparecida. Em Medellín, na parte dedicada à "Igreja visível e suas estruturas", o Documento 10 – o primeiro dessa parte – está dedicado aos *Movimentos dos leigos*. Parte-se de uma constatação sobre a caminhada feita; esta é iluminada por critérios teológico-pastorais e seguida por recomendações pastorais e moções nas quais se pede que, de acordo com o A.A. 26, se estabeleçam "Conselhos de Leigos", seja em nível nacional, seja em nível continental.[14] Também em Puebla há uma parte específica sobre os leigos, ao tratar, na Terceira Parte, o tema dos "Agentes de Comunhão e Participação" (777-833). Em Aparecida, a partir da LG 31

---

[14] Cf. CELAM. *A Igreja na atual transformação da América Latina à luz do Concílio*. Documento 10, n. 19.

e de Puebla 786, se dedica, no capítulo 5, uma boa parte aos leigos e leigas, discípulos e missionários de Jesus, luz do mundo; e também em outros muitos números.[15] Todos esses documentos apresentam realizações importantes da vida e missão do laicato na Igreja de hoje.

No pós-Concílio, realizou-se também em 1987 na Igreja Universal – por convocação de João Paulo II – um Sínodo sobre os leigos, com sua participação como auditores e auditoras. Seguiu-se a ele a Exortação apostólica *Christifideles laici*, de 10 de dezembro de 1988, sobre a vocação e missão dos leigos na Igreja e no mundo. No Brasil podemos recordar vários estudos da CNBB e muitas[16] realizações concretas nos diversos serviços do laicato.

A caminhada não foi nem é fácil, mas foram muitos os passos dados, também "entre luzes e sombras", como na VR. Hoje se afirma, muitas vezes, que "Vivemos a era dos leigos"! O Pe. Antônio Almeida, em seu *Comentário ao Decreto "Apostolicam Actuositatem"*, faz-nos um convite interessante: começar a ler o Decreto a partir da Exortação final (n. 33), que, segundo ele, "é um apelo vigoroso e apaixonado. Um grito que vem do próprio Senhor, do seu Espírito".[17] Podemos fazê-lo!

---

[15] Cf. CELAM. *Discípulos e missionários de Jesus para que Nele nossos povos tenham vida*. Documento conclusivo de Aparecida, nn. 209-215, e muitos outros indicados no índice analítico.

[16] Cf., entre outros: Estudos da CNBB n. 45: *Leigos e participação na Igreja*: reflexão sobre a caminhada da Igreja no Brasil. Paulinas, 1986; *Os leigos na Igreja e no mundo*: vinte anos depois do Vaticano II. Doc. 47. Paulinas, 1987. Documentos da CNBB n. 62: *Missão e ministério dos cristãos leigos e leigas*. Paulinas, 1999.

[17] Cf. ALMEIDA, A. J. Op. cit., pp. 57-59.

6.3. Uma caminhada conjunta e corresponsável

Finalmente quero referir-me àquela que considero a mais bela das realizações entre a VR e o laicato: a da participação dos leigos e leigas na vida e missão da VR. Não só como ajudantes ou colaboradores de segunda classe, e sim como sujeitos, corresponsáveis e comprometidos na vivência do Carisma fundacional. Durante muito tempo pensou-se que as religiosas e os religiosos eram os "donos" e transmissores do Carisma. A espiritualidade podia ser partilhada com os leigos, eles podiam colaborar na missão, mas os "proprietários" do carisma éramos nós.

É verdade que sempre existiram as Ordens terceiras e seculares junto às grandes Ordens religiosas. Mas atualmente vivemos com muito mais liberdade e novidade a partilha do carisma, do espírito, da espiritualidade e missão. Os religiosos/as têm um modo de vivê-lo e os leigos e leigas, outro. Não somos nós que tomamos a mão do leigo/a e os levamos à fonte carismática. Vamos juntos, juntas, e bebemos dela, cada um de nosso jeito. Não nos "complementamos" porque somos incompletos, senão porque, corresponsavelmente, assumimos o Carisma e o vivemos "em reciprocidade". É esta a palavra-chave, a *reciprocidade*.

Em julho de 2012 realizamos, em Belo Horizonte, o "Segundo Encontro Internacional de Leigos/as Filhos de Jesus". Durante dois anos, um grupo de leigos, que tinha participado do primeiro encontro na Espanha, em 2006, se reuniu várias vezes para prepará-lo, sempre em contato com grupos que participam de nossa vida e missão em quatro Continentes. Duas religiosas participaram da equipe de preparação. A coordenação e condução de tudo foi dos leigos e leigas. Os participantes, mais de 130, vieram de 11 países. Estiveram também presentes nossas superioras geral e provincial e várias Irmãs que acompanham grupos de leigos. Foi uma grande festa de família, na qual todas/os crescemos muito em comunhão e participação. A rede de comunicação se enriqueceu e ganhou novas dimensões, ainda que alguns países não tenham podido enviar representantes. Creio que hoje, para nós, o mundo tem menos fronteiras de raças, línguas, nações, estilos de vida... É muito mais o que nos une do que o que nos separa a partir de nossa identidade cristã e carismática. Vivemos melhor a igualdade e a unidade na diferença e diversidade.

Parece-me que esse é um fruto maduro do Concílio que, sem dúvida, nos abrirá sempre mais novos horizontes para a construção de um futuro de justiça, paz e integridade para todas as pessoas e para o nosso Planeta. Ainda existe muito caminho a ser feito, muitas questões a serem respondidas e muitos campos de ação e ministérios a serem assumidos juntos pelo laicato e VR.

Que a Divina Ruah continue nos animando e impulsionando a torná-los realidade com renovado entusiasmo e ardor evangélico!

A vocação dos leigos
Uma abordagem na intenção do Decreto *Apostolicam actuositatem* do Concílio Vaticano II

Cesar Kuzma[*]

Uma leitura inicial: os leigos e o Concílio Vaticano II

Quando nos propomos a refletir aqui sobre a vocação dos leigos, dizendo, com mais propriedade, a vocação dos *cristãos leigos e leigas*, decidimos trazer à discussão a sua vocação *na* Igreja e *na* sociedade (ou *no* mundo, como se diz normalmente). Quando tratamos dos leigos, estamos falando daqueles e daquelas que estão em "maior número" dentro do corpo eclesial e que, para tanto, devem ser valorizados no que compete a sua vocação e a sua missão, sem prejuízo a ninguém, mas em vista da comunhão de toda a Igreja que caminha em missão no horizonte do Reino de Deus; missão que *todos* os cristãos são chamados – como *ekklesía* – a colaborar. Diante desse fato, esses leigos não podem mais ser tratados como "o

---

[*] Cesar Kuzma é teólogo leigo, doutor em Teologia pela PUC-Rio. Professor e pesquisador do Departamento de Teologia da PUC-Rio – Graduação e Pós-graduação.

povo conquistado", ou como alguém que sempre recebe e que apenas ouve, que aceita sem entender e que não questiona, criticamente, a sua situação. Esses leigos querem contribuir, a sua maneira e em comunhão, para a construção do Reino de Deus; missão esta que lhes é de direito (cf. LG n. 30-38). Portanto, cabe a toda a Igreja, na responsabilidade que lhe é conferida, despertar a sua vocação e, consequentemente, a sua missão, alimentando-as e fortalecendo-as em todo o seu agir, respeitando a sua autonomia e promovendo sempre a comunhão.

Essa foi uma das intenções do Concílio Vaticano II e é o que se pretende fazer ao resgatar o espírito do Concílio, que ainda celebra os 50 anos de sua abertura e que agora nos incita a reviver o *aggiornamento* que dele e com ele surgiu. Logo, buscar no Concílio Vaticano II a base estrutural da vocação dos leigos é ir numa fonte segura e que ainda precisa ser mais visitada, pois esse foi o evento da Igreja que mais apurou e mais se dedicou à causa dos leigos. A nova decisão de Igreja que dali despertava tornava necessária e mais direta a valorização desses fiéis que, conforme já falamos, são a grande maioria dos cristãos batizados, e que, portanto, compõem a Igreja de Cristo e tornam-se, por excelência, agentes de sua missão. Já que a Igreja passou a se entender "toda ela" como missionária (cf. LG n. 17; AG n. 1; 35), fez-se urgente e imprescindível a sua valorização (cf. AG n. 21; cf. AA n. 1). No que diz respeito à vocação e missão dos leigos dentro do Vaticano II, esse teor inclusivo e participativo que a eles se propôs foi uma grande conquista e riqueza da nova dimensão eclesiológica que surgia naquele instante.

O grande destaque a essa causa se deu primeiramente na Constituição Dogmática *Lumen gentium*, que tratou da natureza da Igreja e a definiu, primeiramente, como mistério divino, pois a Igreja é sacramento e sinal da salvação que vem de Deus (cf. LG cap. I). Num segundo momento, e aí é que se encontra a grande novidade eclesiológica da *Lumen gentium*, a Igreja passa a ser definida como Povo de Deus (cf. LG cap. II). De acordo com Antonio José de Almeida, e aqui fazemos nossas as suas palavras, essa "é a verdadeira 'novidade' da eclesiologia conciliar. Chave de leitura de primeira grandeza para interpretá-la!".[2] Dentro desse povo, todos os fiéis batizados fazem parte e possuem a mesma importância e dignidade (cf. LG n. 32c). Nenhum membro da Igreja está no centro dessa definição. Cristo é o centro e é dele que tudo vem e é para ele que tudo se converte (cf. Rm 11,36). Sendo, pois, o Cristo, centro de toda a dimensão eclesial, *todos os fiéis batizados* são chamados a participar desse mistério como *um único povo* e cada qual oferece e contribui, através de seus dons e carismas (cf. Cor 12,4-11), para a edificação do único corpo (cf. 1Cor 12,12ss), em perspectiva do Reino de Deus, que é para onde aponta a missão da Igreja, em serviço a essa grande causa.

    Essa intencionalidade aparece estreitamente ligada à finalidade do Concílio, que pretendia definir a Igreja, antes de tudo, para si mesma e, em seguida, a Igreja para o mundo, onde ela está inserida e onde ela é sinal do Reino de Deus, portanto, fonte de transformação da atual sociedade, em vistas dessa perspectiva.[3] Aliás, essa intenção

---

[2] ALMEIDA, A. J. *Apostolicam actuositatem*: texto e comentário. São Paulo: Paulinas, 2012. p. 37.

[3] Cf. JOÃO XXIII. Mensagem radiofônica a todos os fiéis católicos, a um mês da abertura do Concílio Ecumênico. In: *Vaticano II:* mensagens, discursos e documentos. São Paulo: Paulinas, 1998. p. 21-22.

sobre os leigos – internamente na Igreja e no serviço à sociedade – foi uma preocupação que já apareceu antes do Concílio, quando inúmeros teólogos já apontavam para essa urgência.[4] Em virtude disso, o Concílio e o Papa João XXIII realçaram esse labor e pediram aos redatores e aos Padres Conciliares uma especial atenção à causa dos leigos, que, por excelência, são Igreja e participam de sua missão.[5]

O ponto que dá origem a tudo o que se possa falar sobre os leigos está na definição de Igreja como "Povo de Deus", que aparece na Constituição dogmática *Lumen gentium*, sobre a Igreja. Esse é o grande viés, através do qual se destacam a sua vocação e missão. Valoriza-se o sacerdócio comum e empenha-se em destacar a vocação de *todos* os fiéis, chamados por Deus a uma missão.

Diz o texto conciliar:

> O Cristo Senhor, constituído pontífice dentre os homens (cf. Hb 5,1-5), fez do novo povo "um reino de sacerdotes para Deus, seu Pai" (Ap 1,6; cf. 5,9-10). Os batizados

---

[4] Dentre aqueles teólogos que defendiam uma maior presença dos leigos na atuação de toda a Igreja e, para tanto, uma valorização de sua condição, destacamos aqui: Yves de Montcheuil, Yves Congar, Karl Rahner, Hans Urs von Balthasar, Gérard Philips e Edward Schillebeeckx. Uma boa abordagem sintética de cada um desses teólogos encontra-se na obra de Antonio José de Almeida, elaborada em comemoração aos 50 anos do Concílio e na perspectiva do Decreto *Apostolicam actuositatem*, que trata do apostolado dos leigos: ALMEIDA, A. J. Op. cit., p. 19-31.

[5] Nós podemos encontrar alguns ensaios a esse respeito na obra dirigida por Guilherme Baraúna, que tratou da Igreja do Vaticano II. Nessa ocasião e sobre essa temática específica, demonstrando os antecedentes e o processo de redação dos documentos, contribuíram os teólogos: Edward Schillebeeckx, Marie-Dominique Chenu, Constantino Coser e Mário Gozzini. Ver: BARAÚNA, G. (Dir.). *A Igreja do Vaticano II*. Petrópolis, RJ: Vozes, 1965. p. 981-1056. O documento também traz uma rica reflexão sobre a questão do *Povo de Deus*, ponto forte das definições conciliares. Destacamos também que a questão dos leigos perpassa várias partes dos documentos conciliares, o que nos abre várias perspectivas.

são consagrados pela regeneração e pela unção do Espírito Santo. Todas as ações dos cristãos são como hóstias oferecidas: proclamam a força daquele que nos libertou das trevas para vivermos na sua luz admirável (cf. 1Pd 2,4-10). Sendo assim, todos os discípulos de Cristo se oferecem como hóstia viva, santa e agradável a Deus (cf. At 2,42-47), testemunham Cristo em toda parte e a todos que procuram dão razão de sua esperança na vida eterna (cf. 1Pd 3,15) (LG n. 10a).

Com esse conceito de Povo de Deus, *todos* os fiéis estão envolvidos e se relacionam nessa definição. Tira-se a imagem de uma Igreja apenas hierarquizada e piramidal e projeta-se a imagem de uma Igreja que é *Povo de Deus* e que vive em *comunhão* (reflexo da comunhão trinitária), na qual Cristo é o centro, e o conjunto dos que creem (que é o Povo em seus diversos ministérios) circula ao seu redor e contribui a seu modo – através dos seus dons e carismas – para a edificação de todo o *corpo eclesial* e para a missão desse *corpo* no mundo atual. Entra aqui a questão ministerial, agora ampliada, pois há um reforço na questão do Batismo, pelo qual o fiel tem *consciência de sua condição* e orienta-se ao plano de Deus, guiado pela ação do Espírito. Diz mais: por causa dessa condição, *todas* as ações dos cristãos são como hóstias oferecidas e *todos* os cristãos testemunham Cristo em toda parte e demonstram ao mundo as razões de sua esperança. Com certeza, é um conceito forte e movimenta toda a estrutura que deve se orientar nessa direção. Restaura-se a definição de "povo", na sua origem de *laos*, que era o "povo de Deus" da Antiga Aliança, escolhido e eleito para uma missão, a serviço de Deus (cf. LG n. 9).[6]

A definição de Povo de Deus do Concílio é bastante ampla e chega a dizer que "todo aquele que pratica a justiça é acolhido por Deus (cf. At 10,35), em qualquer situação, tempo ou lugar" (LG 9). Nesse "todo", incluem-se aqueles e aquelas que, independentemente de sua pertença ou não à Igreja de Cristo, deixam-se iluminar pelo Espírito da Verdade e produzem frutos, vistos aqui sob nosso olhar cristão, na perspectiva do Reino. Entretanto, o Concílio chama a atenção à definição de povo surgida no AT e que se encaminha para o NT e tem uma missão peculiar no plano salvífico de Deus (cf. LG n. 9). Nessa definição, esse "povo" é chamado, convocado por Deus para uma missão; torna-se *ekklesía*, Igreja, devendo dar testemunho da esperança a que foi chamado e deve se deixar guiar pela força do Espírito Santo (cf. LG n. 4), que é quem garante e é quem conduz a Igreja, esse Povo. Não é um povo *entre* os povos, mas um povo *nos* povos.[7] É sinal. A causa está em Cristo, que foi quem constituiu esse "novo povo" e a consequência é o Reino de Deus, iniciado por Cristo e que deve ter a sua obra continuada por esse povo, até a consumação pelo próprio Deus. Reafirmamos aqui que se valoriza de maneira única e especial a questão batismal. É o Batismo que nos torna membros ativos e conscientes desse corpo e nos coloca em missão, dentro da vocação a que fomos chamados. Assim, todas as

---

[6] Ver também: SEMMELROTH, O. A Igreja, novo povo de Deus. In: BARAÚNA, G. (Dir.). *A Igreja do Vaticano II.* Op. cit., p. 471-786; RATZINGER, J. *O novo povo de Deus.* São Paulo: Paulinas, 1974.

[7] Cf. ALMEIDA, A. J. Op. cit., p. 38.

nossas ações são hóstias vivas, oferecidas a Deus e desde já fonte de transformação e de mudança no mundo.

Definindo a questão do Povo de Deus, o texto conciliar desenvolve a "divisão" desse povo, que constitui a Igreja. Todavia, essa divisão acontece pela função e atuação de cada membro, dentro dos seus dons e carismas, que devem sempre ser colocados a serviço de toda a Igreja, para a utilidade de todos (cf. 1Cor 12,8). Há diversidade de ministérios, mas há igualdade na dignidade de todos os fiéis (cf. LG 32b), pois o ponto que identifica cada cristão e o faz membro atuante no corpo eclesial é o Batismo e o sacerdócio comum. Desse modo, o Concílio se volta alegremente aos fiéis, os leigos, e diz: "Tudo que foi dito do Povo de Deus aplica-se igualmente aos clérigos, religiosos *e leigos*. Os leigos, porém, homens e mulheres, em virtude de sua condição e missão, têm algo de especial, cujo fundamento deve ser mais bem examinado nas circunstâncias particulares do mundo em que vivemos" (LG n. 30). Fortalece-se aqui o teor inclusivo e participativo que o Concílio Vaticano II apresentou aos leigos, conforme comentamos logo no início desta reflexão.

Essa definição de Povo de Deus vai perpassar por todos os documentos conciliares e terão implicações óbvias na definição do papel dos leigos na Igreja, pois ao mesmo tempo que é um resgate é também uma clara definição da sua vocação.

A base dessa nova concepção: o capítulo IV da *Lumen gentium*: os leigos

No início do IV capítulo da *Lumen gentium*, os Padres Conciliares já nos dizem (conforme discriminamos acima) que tudo o que foi dito sobre o Povo de Deus aplica-se aos leigos (cf. LG n. 30). Estes fazem parte desse Povo e com isso compõem a Igreja. Os leigos são chamados por Deus para servir na proposta de seu Reino em virtude de sua condição e missão; e essa condição e missão que enriquece o corpo de Cristo, onde cada qual tem a sua função e colabora para que esse corpo cresça e se construa diante do amor. Sendo o Batismo o que nos torna participantes e membros do corpo eclesial e a partir dele podemos desenvolver nossa vocação e missão, os leigos definem-se enquanto Igreja e saem para participar ativamente da missão desta no mundo, comprometendo-se, a seu modo, na execução do trabalho comum, crescendo em todos os aspectos em direção a Cristo, cabeça da Igreja.

Precisou-se, então, defini-los, trazendo a eles um caráter eclesiológico, capaz de fundamentar e dar robustez à sua condição. De uma definição negativa, que se sustentava por dizer que o leigo, colocado até de maneira pejorativa, é aquele que não é clérigo ou que não pertence às ordens sagradas, nem é um religioso reconhecido pela Igreja (expressões que ainda aparecem na definição atual para distinguir os papéis dentro da Igreja), o Concílio Vaticano II aponta para uma definição positiva que vai além dessa condição:

> São, pois, os fiéis batizados, incorporados a Cristo, membros do povo de Deus, participantes da função sacerdotal, profética e régia de Cristo, que tomam parte no cumprimento da missão de todo o povo cristão, na Igreja e no mundo (LG 31a).

Esta definição, que aparece na redação final da *Lumen gentium* e que foi aprovada pelos Padres Conciliares,[8] apresenta-nos alguns acentos interessantes para a definição eclesiológica dos leigos. Anteriormente a ela, no mesmo artigo, aparece a situação e a condição de quem se denomina como leigo: "são todos os fiéis que não pertencem às ordens sagradas, nem são religiosos reconhecidos pela Igreja" (LG n. 31a). Obviamente, é uma expressão genérica e negativa, muito próxima às definições que tínhamos antes do Concílio. Contudo, a grande virada acontece na sequência, que, conforme vimos acima, valoriza como leigos aqueles que são *fiéis batizados* e que, portanto, fazem *parte do povo de Deus* e são *incorporados a Cristo e a seu mistério* e diante da *tríplice função* (sacerdotal, profética e real) *aderem à missão de todo o povo cristão*, na Igreja e no mundo. Estes são os leigos na projeção do Vaticano II.

Ao valorizar o Batismo como condição primordial do cristão, acentua-se a Igreja como um todo e diminui a condição, antes do Concílio, que se voltava mais ao sacramento da ordem, na esfera de uma Igreja piramidal e reconhecida demasiadamente pelo clero, que detinha o poder institucional e respondia sozinho pela condição de Igreja. Antes disso, aos leigos, vistos de maneira pejorativa e diminuída, atribuía-se a condição de ouvinte (sem questionamentos), de receptor (da Palavra e dos sacramentos), de objeto da evangelização (era o povo conquistado, aquele que deveria ser buscado e trazido para a Igreja, mas de

---

[8] Nesta obra, o autor nos apresenta todo o percurso e discussões que foram percorridos até se chegar a essa definição: SCHILLEBEECKX, E. A definição tipológica do leigo cristão conforme o Vaticano II. In: BARAÚNA, G. (Dir.). *A Igreja do Vaticano II*. Op. cit., p. 981-990.

maneira submissa, nunca ativa nem participativa). É certo que essa situação que aparece e irrompe no Concílio não surge do acaso, mas já era algo esperado e até mesmo experimentado em alguns corpos eclesiais, os quais entendiam não ser possível pensar uma imagem de Igreja de missão sem valorizar aqueles e aquelas em maior número; nesse caso, os leigos. Já temos um processo nessa direção com a Ação Católica e com os pontificados de Pio XI e Pio XII; no entanto, a Ação Católica – que teve os seus avanços e importância para o seu contexto – entendia a ação dos leigos como um somar-se, um colaborar com a ação da hierarquia, mantendo os leigos sempre na sua dependência.[9] Mas foi um processo que aos poucos passou a entender a ação desses fiéis como uma ação de Igreja inserida na sociedade, sobretudo, no campo da família e da política, em que podem atuar como sal da terra e luz do mundo (expressões que depois vão aparecer no Vaticano II).

Essa condição batismal apresenta uma eclesiologia capaz de incluir esses fiéis à dimensão cristológica e, por essa razão, adquirem a tríplice função. Por essas funções, vividas de maneira específica na sua condição, é que os leigos colaboram na missão de toda a Igreja, interna e externamente, *ad intra* e *ad extra*.

A primeira função é a função *sacerdotal*. Assim como Cristo, que como leigo (pertencente ao povo, não à classe sacerdotal) viveu intensamente a vida na sociedade em que se encontrava, assumindo as suas dores, alegrias e esperanças, o leigo vive no mundo, inserindo-se como Igreja e dando testemunho da sua fé. Ao fazer isso, ele oferece

---

[9] Cf. ALMEIDA, A. J. Op. cit., p. 31-33.

toda a sua vida a Deus como oblação, mas em serviço, contribuindo para a transformação deste mundo na perspectiva e no horizonte do Reino de seu Pai. Ao fazer isso, para o Concílio, os leigos "tornam-se hóstias espirituais, agradáveis a Deus por Jesus Cristo" (LG n. 34). Dessa forma, eles consagram o mundo a Deus.

A segunda função é a *profética*. Diz o Concílio e nós confirmamos na fé que Cristo, de maneira profética, proclamou o Reino de Deus pelo testemunho concreto de sua vida e pela força de sua palavra. Em suas denúncias, confrontava o povo e a sua realidade e, diante disso, anunciava a Boa-Nova de seu Reino. Assim, a exemplo de Cristo, "os leigos comportam-se como filhos da promessa quando, fortes na fé e na esperança, resgatam o momento presente (cf. Ef 5,16; Cl 4,5) e aspiram com paciência pela glória futura (cf. Rm 8,25). Não escondem essa esperança no interior do coração, mas a tornam manifesta até mesmo nas estruturas sociais, pela vida que levam e pela luta 'contra os dominadores deste mundo de trevas e contra os espíritos do mal' (Ef 6,12)" (LG 35a). Para que essa atitude tenha coerência, devem unir de maneira inseparável a vida e a profissão de fé, que é quando o anúncio de Cristo e o testemunho de vida adquirem uma eficácia especial, fazendo-se acontecer nas condições comuns da vida no mundo (cf. LG 35b).

A terceira função é a *real*. É a condição do Reino de Deus, da qual somos herdeiros em Cristo, mas que somos chamados, convocados por Deus, enquanto *Ekkesía*, para colaborar na construção e no anúncio dele. Diz o Concílio: "O Senhor deseja que também os leigos contribuam para o aumento de seu 'reino de verdade e de vida, de santidade e de graça, de justiça, de amor e de paz', em que a criatura é libertada da escravidão da morte, para a liberdade dos filhos de Deus" (LG n. 36a).

A partir de sua condição de membro eclesial e participante da missão de toda a Igreja, o Concílio também aborda as relações internas, e por vezes tensas, da relação entre leigos e hierarquia.[10] Se entendermos que por muito tempo, por séculos, foi negado aos leigos a voz e o direito na Igreja, esse Concílio colabora para uma participação ativa, trazendo aos leigos deveres eclesiais, mas também direitos que devem ser respeitados, dentre eles o direito de ser ouvido e o de poder pronunciar-se, com *coragem* e *prudência*, mas sempre com *reverência* e *caridade*, para o bem de toda a Igreja (cf. LG n. 37a).

Por fim, toda essa argumentação sobre o papel dos leigos na Igreja e no mundo proposto pelo Vaticano II não se esgota nestas linhas, mas são projeções que devem ser lidas no contexto em que surgiram, mas que necessitam ser interpretadas também no nosso tempo, pois a ação desses fiéis é uma ação da Igreja,[11] e a Igreja, pelo Vaticano II, é sinal e sacramento neste mundo (cf. LG n. 1), está inserida nele; deve, assim, dar uma resposta eficaz no mundo e no contexto em que se encontra. Eis uma condição favorável que os leigos podem contribuir, pois estão inseridos no mundo e trazem à Igreja a imagem do mundo e levam ao mundo a mensagem da Igreja.[12] É o que disse a Conferência de Puebla, já num contexto latino-americano:

---

[10] Também fizemos uma abordagem a esse respeito em nosso livro: KUZMA, C. *Leigos e leigas*: força e esperança da Igreja no mundo. São Paulo: Paulinas, 2009. p. 41-61.

[11] Cf. SCHILLEBEECKX, E. Op. cit., p. 998.

[12] Cf. KUZMA, C. Op. cit., p. 19-20.

"homens da Igreja no coração do mundo, e homens do mundo no coração da Igreja" (DP n. 786).

Para fechar esta parte e na ousadia de criar algo que nos lance na intenção da sua vocação, valemo-nos da sequência da definição conciliar dos leigos, que enfatiza a sua atuação diante do mundo secular:

> O caráter secular caracteriza os leigos. [...] A vocação própria dos leigos é administrar e ordenar as coisas temporais, em busca do Reino de Deus. Vivem, pois, no mundo, isto é, em todas as profissões e trabalhos, nas condições comuns da vida familiar e social, que constituem a trama da existência. São aí chamados por Deus, como leigos, a viver segundo o espírito do Evangelho, como fermento de santificação no seio do mundo, brilhando em sua própria vida pelo testemunho da fé, da esperança e do amor, de maneira a manifestar Cristo a todos os homens. Compete-lhes, pois, de modo especial, iluminar e organizar as coisas temporais a que estão vinculados, para que elas se orientem por Cristo e se desenvolvam em louvor do Criador e do Redentor (LG 31b).

Dentro desta definição é que nós devemos nos debruçar, pois é no mundo secular que os leigos vão descobrir e discernir a sua vocação. Ali, diretamente na "trama da existência humana", diante do trabalho e da vida familiar e social, com os inúmeros conflitos que isso possa trazer. Caberá a eles, como resposta da sua vocação, iluminar e organizar este mundo, manifestando a sua esperança e contribuindo para que o Reino de Deus que vem com Cristo já possa ser vivido nesta terra. Se os leigos respondem a Deus por uma vocação, é porque Deus se manifesta também a eles e os envia à missão (cf. Lc 10), e diz: "Ide, também vós, para a minha vinha" (Mt 20,4). Portanto, ao se falar da vocação dos leigos, estamos afirmando aqui que se trata de um Apostolado, que é como o Concílio entendeu e confirmou, oferecendo a estes o Decreto *Apostolicam atuositatem*, sobre o Apostolado dos Leigos.

A resposta da vocação: na intenção do Decreto *Apostolicam actuositatem*: o apostolado dos leigos

Tenhamos por base a citação que trouxemos acima e que caracteriza a vocação dos leigos como algo próprio do mundo secular, que é reforçada e detalhada no *Apostolicam actuositatem* (cf. AA n. 5,5), onde os leigos devem viver a fé e dar razões da sua esperança nas circunstâncias particulares da vida onde se encontram, lá onde aparecem as tramas da existência. É nesse espírito que o Concílio dirige à Igreja (e chega até nós hoje) esse importante Decreto sobre o *apostolado dos leigos*, que detalha a forma como vivem a sua vocação, na Igreja e no mundo. Já de início, o Decreto se dirige aos leigos e a sua ação apostólica (vista numa intenção de envio ao mundo, envio em missão, que é a missão da Igreja) de maneira "esperançosa", pois compreende o seu papel de modo *específico* e *insubstituível* (cf. AA n. 1). A Igreja que se compreende inserida no mundo percebe que está no mundo de maneira plena através dos leigos, que estão na Igreja e estão no mundo.[13] Ou seja, o que a Igreja pode fazer através dos leigos é apenas por meio deles que ela pode fazer; por isso, a sua vocação é específica e insubstituível, é única, dizemos até, indispensável.

Dentro disso, trazemos alguns pontos que devem ser entendidos e assimilados para resguardar a intenção conciliar. Atentemo-nos, porém, que o Concílio, mesmo

---
[13] KUZMA, C. Op. cit., p. 104.

estando à frente de seu tempo (e provavelmente do nosso!), estava dentro de uma esfera histórica e cultural própria, o que o leva a trazer pistas e chaves de leitura que podem ser ampliadas a partir do nosso horizonte, mantendo a sua intencionalidade.

Eis os pontos:

1. Os leigos possuem uma dimensão eclesiológica própria e a base desta é o Batismo, confirmada pela definição de Igreja "Povo de Deus", resgatada e fundamentada no Vaticano II, na qual todos os fiéis batizados incorporam-se a Cristo, tornam-se membros desse "Povo" e participam de sua tríplice função (que já detalhamos acima e que é retomada aqui no *Apostolicam actuositatem* – cf. AA n. 2b; 3a), na qual oferecem todo o seu agir e dão testemunho em toda parte, atuando a sua maneira no conjunto da missão da Igreja. Valorizamos aqui o gesto do Papa Francisco, ou bispo Francisco, como ele prefere ser chamado, que na sua primeira aparição curvou-se diante do povo que ali estava e pediu que este o abençoasse. Um gesto simples, mas com um significado imenso!

2. Nessa dimensão, os leigos respondem pela sua vocação. É uma vocação própria. É Deus que *os chama* e *os envia* à missão. Assim, os leigos são chamados pelo próprio Deus, a quem respondem na fé e vivem a sua vocação em serviço, na perspectiva do Reino, trabalhando, em seu contexto, na efetiva construção deste. Vivem, pois, *no mundo*, e deverão viver a sua vocação *no mundo* como leigos; é assim que eles são cristãos. Portanto, "é uma vocação de apostolado" (AA n. 2a), no sentido de envio ao mundo, em serviço.

3. Um ponto que caracteriza a sua vocação é que ela deve ser vivida em *autonomia*,[14] ou seja, a ação dos leigos não deve (pelo menos não deveria) estar subordinada a outra ação hierárquica (por um ministro ordenado), salvo se esteja, como missão, a serviço desta, em extensão desta. A missão da Igreja é uma e a mesma e tem um fim, mas a função específica de um leigo ou de um ministro ordenado dentro da mesma missão é diferente, pois essa função (que é a missão de cada um) decorre da natureza da vocação para a qual cada um foi chamado. É preciso dar um passo nessa direção, e é importante que ele aconteça, caso se queira entender uma Igreja toda ministerial e toda ela missionária. Ora, se o leigo é aquele que está no mundo e o mundo é o local onde ele responde a sua vocação, ele deverá ter liberdade no seu agir, uma liberdade própria da ação do Espírito, que é quem conduz a Igreja. Agora, atenção! Não queremos dizer aqui que essa será uma ação de rebeldia, de confronto e de desunião... ao contrário, será uma ação de testemunho, do bom uso da liberdade, desde que esse leigo tenha sido formado adequada e criticamente (do modo preciso como pede o *Apostolicam*

---

[14] Devido à experiência da Ação Católica, que via a ação dos leigos muito mais como um prolongamento da ação do clero, e até, em muitos casos, subordinados a este, tal ponto vai se fortalecer mais em período pós-conciliar, mas na prática ainda não acontece de modo legítimo. Isto se dá por diversos fatores, que vão desde a aceitação e vivência do espírito do Concílio na Igreja, passando pela superação do binômio hierarquia e laicato, até a excelência na formação dos leigos. Se a Igreja espera deles (dos leigos) uma ação *autêntica* e *coerente*, como pede o Documento de Aparecida (DAp n. 210), deve formá-los e prepará-los para o campo da missão, em excelência e em vários níveis. A formação do leigo, também teológica (o que é de suma importância), deve levar em conta a sua dimensão eclesial e secular, de modo a relacionar as duas.

actuositatem – cf. AA cap. VI) para o exercício de sua missão e para o bom grado da sua vocação. É indispensável para o bom sucesso de seu trabalho que ele tenha a confiança e o incentivo dos seus pastores, que devem, por sua vez, conservar a fé e a unidade. Se assim for, os leigos farão frutificar a unidade, exercendo na sua liberdade a sua vocação, na comunhão e na caridade. A missão da Igreja é uma responsabilidade de todos e nela deve haver "unidade no essencial, liberdade no secundário e caridade em tudo".[15] É o Espírito que nos conduz.

4. Ainda neste ponto. Essa autonomia é que vai distinguir a sua ação e vai provocar a busca da comunhão que deve prevalecer na Igreja; uma comunhão eclesial que seja um reflexo da comunhão trinitária, que é o que faz a *Lumen gentium*, citando S. Cipriano, S. Agostinho e S. João Damasceno, ao dizer que a Igreja é "o povo unido pela unidade mesma do Pai, do Filho e do Espírito Santo" (LG n. 4c). Vale a pena mencionar também que comunhão não é sinônimo de obediência e de uniformidade, mas, a modo de Efésios, dizemos uma unidade na pluralidade, pois "há um só corpo e um só Espírito, do mesmo modo que a vossa vocação vos chamou a uma só esperança; um só Senhor, uma só fé, um só Batismo; um só Deus e Pai de todos, que reina sobre todos, age por meio de todos e permanece em todos" (Ef 4,4-6). Nessa linha, completamos dizendo que todos os dons e carismas que temos, buscando aqui uma fonte em Coríntios, devem ser utilizados para a edificação e benefício de

---

[15] ALMEIDA, A. J. Op. cit., p. 55.

todos (cf. 1Cor 12,7). Assim, seremos "um só coração e uma só alma" (At 4,32), indo até Atos e, dessa forma, cada vez mais próximos de Jesus de Nazaré e de seu Evangelho, de onde nasce a Igreja (cf. LG n. 3).

Tendo isso, caminhamos para pontos mais específicos desse Decreto, que nos atendem no discernir da vocação dos leigos. Seguimos.

O Decreto nos diz que os leigos, como membros da Igreja e imbuídos dessa esperança que trazem e, ao mesmo tampo, pertencentes ao mundo, exercem, pois, um *apostolado verdadeiro*, oferecendo um *testemunho inequívoco* de Cristo e de seu Reino (cf. AA n. 2b). Vemos isso como algo forte, pois é pelo testemunho e na articulação entre fé e vida que somos chamados a frutificar em nós os dons do Espírito. Os leigos, diante de seu apostolado, são "cooperadores da verdade" (AA n. 6a), quando, por seu testemunho de vida, colaboram na santificação de todo o mundo. Para tanto, o Decreto *Apostolicam actuositatem* aponta para alguns campos de apostolado: 1. Na comunidade cristã (cf. AA n. 10); 2. Na família (cf. AA n. 11); 3. Entre os jovens (cf. AA n. 12); 4. No meio social (cf. AA n. 13); 5. Na ordem nacional e internacional (cf. AA n. 14). Neste último, destacam-se a atuação dos leigos junto ao poder civil, na política, no intuito de fomentar a justiça e a paz entre as pessoas e as nações. Essa reflexão sobre os campos de apostolado chama a atenção também para o fato de que a palavra só será proclamada e só será ouvida se vier acompanhada de um testemunho (cf. AA n. 13). Nessa intenção, diz o documento conciliar: "O testemunho de vida leiga, que brota inteiramente da fé, da esperança e do amor em que Cristo se manifesta, vivo em seus fiéis, é a forma privilegiada do apostolado individual, especialmente adaptada aos nossos tempos" (AA n. 16d).

O que vem depois, na sequência do Decreto, trata da organização desse apostolado, bem como a sua colaboração com a hierarquia e a formação necessária para que a sua atuação seja de fato eficaz e coerente com as condições do mundo atual. Esse talvez seja o ponto mais crítico do documento, pois ele esbarra numa estrutura eclesial muito rígida e que não está acostumada a dividir e incorporar uma nova visão. Diríamos que, em grande parte, esse é um desafio pós-conciliar: 1. O documento diz que os leigos podem organizar-se e que devem buscar a união com os seus pastores, para o bem de toda a Igreja; porém, nem sempre encontram esse apoio, e nem sempre essa união, em prol de uma missão conjunta, está acessível. 2. No que tange à formação, talvez seja o ponto mais crítico. Primeiro porque nunca houve uma formação madura, crítica e construtiva, capaz de capacitar os leigos à sua missão. Ainda é um processo com pouco apoio institucional. Em segundo lugar, temos o fato das estruturas. Como custear essa formação? Quem fará isso? Quem vai formar e para qual finalidade? Como vai ser? Somente quando a Igreja entender que a formação eclesial é algo necessário para o bom exercício de um ministério, é que ela vai despertar e assimilar a sua importância. Enquanto os leigos *ainda* forem vistos de maneira isolada e o seu apostolado *ainda* não for valorizado, uma mudança no quadro formativo, para o bem de toda a Igreja, *ainda* é algo a ser buscado.

Esse é um panorama geral do Decreto *Apostolicam actuositatem*, que bem sabemos não se encerra nas suas linhas e muito menos está contemplado em sua totalidade na nossa. Ele está além e nos lança desafios. Alguns mais próximos e outros mais estruturais. Como bem disse o Decreto, o mundo atual (e cada vez mais para nós hoje), com todas as suas mudanças e seus avanços, necessita urgentemente da ação eficaz e do entendimento de quem está no mundo e pode oferecer a ele uma resposta de fé, mantida na esperança e garantida no amor. Talvez o mundo atual – as pessoas em si – ignore a ação da Igreja, mas essa ação – feita por nós, o Povo de Deus – não ignora o mundo. Há urgências e há situações conflitantes, contudo há gestos e exemplos de pessoas (leigos e leigas) que fazem transparecer o olhar bondoso e misericordioso de Deus, e isso nos faz viver e continuar; dá-nos a chance de acreditar.

Esse é o sentido do *Apostolicam actuositatem*, que encoraja e diz que os leigos agem como "fermento no mundo" (AA n. 2b), que se fortaleçam na esperança (cf. AA n. 4e) e como imitadores de Cristo estão sempre prontos (cf. AA n. 4f), desempenhando o seu papel, de acordo com os dons e a capacidade que lhes cabe na comunhão da Igreja e em prontidão aos problemas do nosso tempo (cf. AA n. 6d). Sua ação é importante para o interno da Igreja, em diversos serviços e pastorais, mas – e principalmente – para o externo, no mundo, o que é próprio de sua vocação e onde eles atuam como Igreja, na consciência que adquirem de seu Batismo.

No entanto, a grande riqueza desse decreto, que é capaz de chamar – *convocar* – a vocação laical, despertando-a na sua importância e relevância atuais, encontra-se no seu final.[16] O documento "roga" a todos os leigos, homens e mulheres, que ouçam a voz de Cristo e que se deixem guiar pelo impulso do Espírito Santo (cf. AA 33). Em seguida, de modo mais próprio e profundo, ele diz:

> O próprio Senhor, por intermédio desse Concílio, convida a todos para que se unam cada vez mais intimamente a ele. Fazendo dos sentimentos de Cristo seus próprios sentimentos (cf. Fl 2,5), participem de sua missão salvadora. Ele mesmo os envia a todas as cidades e lugares aos quais há de chegar (cf. Lc 10,1), para que, por meio das várias formas e modos do apostolado da Igreja, sempre adaptados às necessidades do tempo, atuem como seus cooperadores, generosos na obra de Deus e sabendo que seu trabalho não é vão, diante do Senhor (cf. 1Cor 15,58).

São palavras fortes e proféticas que ecoam naqueles que olham a ação da Igreja como uma ação do próprio Cristo e entregam-se a ele e ao seu Reino, movidos pela causa que ele traz. São palavras que deveriam ecoar em toda a Igreja, que ainda insiste, muitas vezes, em limitar a ação desses fiéis, tratando-os na sua pequenez, como algo sem importância para o todo evangelizador. Ouvindo esse "rogar", os leigos empenham-se no seu agir, pois sabem que é Cristo quem chama e é o Espírito quem conduz nas circunstâncias da missão. Voltam-nos aqui, com um teor mais forte, as características que aparecem no início deste Decreto, no Proêmio, e que nós já destacamos, sobre o apostolado dos leigos: o caráter *específico* e *insubstituível* de sua missão. Do Concílio, é um dirigir-se *em esperança*; e aos leigos, é *um viver* na mesma esperança.

---

[16] É o que nos aponta, com razão, Antonio José de Almeida, a saber: ALMEIDA, A. J. Op. cit., p. 58-59.

Por essa razão que as palavras finais do Decreto *Apostolicam actuositatem* enchem de esperança aqueles e aquelas que anseiam por essa causa e desejam, com coração ardente, participar na missão de toda a Igreja, interna e externamente, *ad intra* ou *ad extra*, em prol de Cristo e do seu Reino. A vocação dos leigos é específica dos leigos, ninguém a faz se eles não a fizerem; ela é única e insubstituível; é importante porque tem a função de anunciar o Reino de Deus, transforma a missão da Igreja numa missão de esperança, uma esperança que faz germinar no tempo presente as promessas do tempo que vem. Diz o Decreto: "Os leigos são chamados a seguir esse caminho com alegria e santidade, procurando superar as dificuldades com prudência e paciência" (AA n. 4a). Esse é o caminho de Cristo e de seu Reino, cuja Igreja – vista aqui também a partir dos leigos, mas não de forma excludente, mas em comunhão – deve continuar, como prolongamento de sua ação, como fonte de força e esperança, sinal e luz, *lumen gentium*.

O desejo é que isso seja buscado para o bem de toda a Igreja e para a missão maior que é o Reino de Deus. Os leigos continuam trabalhando e acreditando, pois sabem que o seu trabalho não é em vão (cf. AA n. 33), pois são chamados por Deus, como Igreja, para o conjunto dessa missão.

Para concluir: o celebrar dos 50 anos do Concílio – uma nova luz à vocação dos leigos, na Igreja e no mundo

Encerramos a nossa breve reflexão afirmando que a dimensão de Povo de Deus, que possibilitou aos leigos o entendimento da sua vocação e o princípio de comunhão, deve ser plenamente vivida na Igreja. Só assim, sentindo-se parte de um todo, conscientes do chamado Daquele que vem e que nos convida a segui-lo, e alimentados com uma vocação e missão específicas, é que se pode lograr um bom futuro e favorecer na Igreja o *aggiornamento* que se iniciou com o Vaticano II. Essa foi uma das suas intenções e a valorização da vocação dos leigos tinha também esse objetivo. A pertença de alguém à Igreja não é um acaso, mas é uma resposta de fé a uma experiência concreta de vida, no encontro com Deus, fortalecida no convívio fraterno, na escuta da Palavra e na comunhão eucarística. Automaticamente, isso os levará ao sentimento de corresponsabilidade pelas ações da Igreja na sociedade em que vivem. A vocação dos leigos não é um chamado isolado, mas em conjunto, que está em comunhão, que tem um fim único e um destino comum, que é Cristo e o seu Reino. Em resposta ao chamado desse Reino, "todos" são chamados a dar ao mundo a razão de sua esperança. Caberá aos leigos viver a sua vocação diante do mundo, com autêntico compromisso e com sincera responsabilidade. Nas palavras do Concílio: "todo leigo é chamado a ser testemunho da ressurreição e da vida do Senhor Jesus, sinal de Deus vivo, diante do mundo" (LG n. 38). Que isso seja feito e que se permita fazer. Assim seja.

Referências bibliográficas

ALMEIDA, A. J. *Apostolicam actuositatem:* texto e comentário. São Paulo: Paulinas, 2012.

BARAÚNA, G. (Dir.). *A Igreja do Vaticano II*. Petrópolis, RJ: Vozes, 1965.

CELAM. *Documento de Aparecida*. Texto conclusivo da V Conferência Geral do Episcopado Latino-Americano e do Caribe. São Paulo: Paulinas, 2007.

_____. *Evangelização no presente e no futuro da América Latina.* Conclusões da Conferência de Puebla. São Paulo: Paulinas, 1979.

JOÃO XXIII. Mensagem radiofônica a todos os fiéis católicos, a um mês da abertura do Concílio Ecumênico. In: *Vaticano II:* mensagens, discursos e documentos. São Paulo: Paulinas, 1998. p. 21-22.

KUZMA, C. *Leigos e leigas*: força e esperança da Igreja no mundo. São Paulo: Paulinas, 2009.

RATZINGER, J. *O novo povo de Deus.* São Paulo: Paulinas, 1974.

SCHILLEBEECKX, E. A definição tipológica do leigo cristão conforme o Vaticano II. In: BARAÚNA, G. (Dir.). *A Igreja do Vaticano II.* Petrópolis, RJ: Vozes, 1965. p. 981-1000.

SEMMELROTH, O. A Igreja, novo povo de Deus. In: BARAÚNA, G. (Dir.). *A Igreja do Vaticano II.* Petrópolis, RJ: Vozes, 1965. p. 471-786.

VATICANO II: mensagens, discursos e documentos. São Paulo: Paulinas, 1998.

A Igreja na América Latina e a "recepção criativa" do Concílio Vaticano II

Agenor Brighenti[*]

Estamos no cinquentenário da realização do Concílio Vaticano II. Após meio século sob seu influxo, apesar de determinados segmentos eclesiais terem tentado minimizar sua importância e transcendência para a Igreja, ele tem sido um verdadeiro *kairós* ou um "advento para o terceiro milênio", no dizer do Papa João Paulo II. Influência especial e impacto profundo teve o Concílio na América Latina. Nossos bispos, se por um lado como "padres conciliares" não foram propriamente "pais" do Vaticano II, contribuindo com peso nos debates e com suas conclusões,

---

[*] Agenor Brighenti é doutor em Ciências Teológicas e Religiosas pela Universidade Católica de Louvain/Bélgica, professor-pesquisador na PUC de Curitiba, professor visitante na Universidade Pontifícia do México e no Instituto Teológico-Pastoral do CELAM. Presidente do Instituto Nacional de Pastoral da CNBB e membro da Equipe de Reflexão Teológica do CELAM. Autor de dezenas de livros e de uma centena de artigos publicados em revistas científicas nacionais e internacionais. Foi perito do CELAM na Conferência de Santo Domingo e da CNBB, em Aparecida.

por outro lado, sem dúvida foram seus melhores "filhos", pois foram os primeiros a implementá-lo no continente e em suas Igrejas locais.

Dois fatores foram decisivos para que o Vaticano II fosse recebido tão rapidamente e de modo tão original e próprio. O primeiro deles foi a ativa participação dos bispos da América Latina, não tanto nas sessões do Concílio, mas nas inúmeras conferências promovidas sobre a temática em questão, por ocasião das quatro sessões de trabalho em Roma. Sob a coordenação dos bispos brasileiros, foram promovidas na casa *Domus Mariae* mais de quarenta conferências com os teólogos peritos do Concílio. Tamanha eram a importância e influência desses eventos, que a controladora e conservadora Cúria romana de então avisou que não se tratava de eventos oficiais. O fato é que, pouco a pouco, com as reflexões e debates na *Domus Mariae*, grande parte dos bispos da América Latina saiu do Concílio sintonizados com seu espírito e conhecendo profundamente suas intuições básicas e eixos fundamentais. Os bispos brasileiros foram mais longe: saíram do evento com um Plano Pastoral para implementar a renovação conciliar em suas Igrejas locais.

O segundo fator, ainda mais decisivo para que o Vaticano II fosse recebido tão rapidamente e de modo tão original e próprio na América Latina, foi a realização da Conferência de Medellín (1968). Já se tinha realizado a Primeira Conferência de Rio de Janeiro (1955), mas sem muita transcendência, pois esteve voltada para as questões da cristandade, logo superadas pelo Concílio. A importância de *Medellín* se deve ao fato de os bispos da América Latina terem acolhido as propostas do Vaticano II, encarnando-as no contexto do subcontinente, marcado pela injustiça e pela pobreza. Num texto de dezesseis documentos, as *Conclusões de Medellín* recolhem os dezesseis documentos do Vaticano II em uma perspectiva libertadora, à luz da opção preferencial pelos pobres. Isso vai dar à Igreja na América Latina uma palavra e um rosto próprios, deixando de ser uma Igreja "reflexo" de um cristianismo romanizado. Em outras palavras, na fidelidade às intuições básicas e aos eixos fundamentais do Concílio, com *Medellín*, na América Latina não houve propriamente implantação, mas "encarnação" e "desdobramento" das proposições do Concílio. Diríamos hoje, no processo de acolhida do Vaticano II em terras latino-americanas, houve "inculturação", pois se fez do Vaticano II não apenas um "ponto de chegada", mas "ponto de partida" para uma evangelização contextualizada, na perspectiva dos pobres.

Esse modo de acolhida do Vaticano II por parte da Igreja na América Latina, em *Medellín*, Jon Sobrino batizou de "recepção criativa". O tempo se encarregaria de mostrar de que se tratava de uma perspectiva arrojada, permeada de conflitos, mas com resultados que transcenderiam as fronteiras do continente. Em meio a debates e embates, depois de Medellín veio o freio da *Conferência de Puebla* (1979) à tradição libertadora latino-americana, seguida da *Conferência de Santo Domingo* (1992), que foi praticamente seu estancamento. Seria preciso esperar a *Conferência de Aparecida* (2007), para que o Vaticano II, na perspectiva de Medellín, fosse resgatado e reimpulsionado.

Sobretudo, no período entre *Puebla* e *Santo Domingo*, por causa de uma fé inquieta, não foram poucas as vozes silenciadas e os profetas colocados sob suspeita. Em muitos casos, a fidelidade à causa dos mais pobres redundou em sangue derramado, como testemunha nossa constelação de mártires das causas sociais, escandalosamente nenhum deles ainda canonizado. Com *Aparecida*, houve o "renascer de uma esperança", na medida em que fez o resgate de um modo de ser Igreja, que, em meio a um tempo de involução eclesial e entrincheiramento identitário, espera contra toda esperança.

1. O Concílio Vaticano II: intuições básicas e eixos fundamentais

Para entender em que medida a Igreja na América Latina fez da implementação da renovação conciliar uma "recepção criativa", é preciso ter presente as intuições básicas e os eixos fundamentais do Vaticano II. Antes de tudo, em sua denominada "volta às fontes" bíblicas e patrísticas, o Concílio rompeu com o eclesiocentrismo e o cristomonismo, que caracterizou a autoconsciência da Igreja no largo período de cristandade. Isso significou uma reviravolta na vida da Igreja como um todo, obrigando-nos a falar de um "antes" e um "depois" do Vaticano II.

1.1. As intuições básicas do Concílio Vaticano II

A menos de noventa dias de sua eleição, o Papa João XXIII anunciou a convocação do Concílio Vaticano II, no dia 25 de janeiro de 1959, na Basílica de São Paulo *extramuros*. O fez, segundo ele mesmo, "trêmulo de emoção, mas ao mesmo tempo com humilde coragem e decisão".[1] Era uma surpresa, embora já fosse ardente desejo de

---

[1] Cf. JOÃO XXIII. Anúncio do Concílio na Homilia proferida na Basílica de São Paulo, Roma, no dia 25 de janeiro de 1959.

diversos segmentos da Igreja, sobretudo dos movimentos que o prepararam: o movimento bíblico, teológico, catequético, ecumênico, o movimento litúrgico, dos padres operários etc.

O OBJETIVO DE FUNDO

Maior surpresa ainda era o tipo de Concílio que João XXIII tinha em mente, depois de muito refletir e rezar. O Papa queria um Concílio não para terminar o inacabado Vaticano I, mas que fizesse uma transição de época: a passagem da contrarreforma tridentina e, em certa medida, da plurissecular época constantiniana, para a modernidade, com a necessária união das Igrejas e a reconciliação e inserção dela na nova sociedade.² Era hora de "abrir portas e janelas e deixar entrar o ar fresco" de um mundo contra o qual a Igreja havia lutado quase cinco séculos.³ A Igreja precisava de um *kairós* – "... que o Espírito renove em nossa época os prodígios de um novo Pentecostes" –, registrou o Papa na oração oficial do Concílio.

Para João XXIII, a urgente tarefa de renovação ou *aggiornamento* da Igreja estava fundada na necessidade de "determinar e distinguir entre o que é princípio, evangelho, do que é mutabilidade dos tempos".⁴ Daí a noção conciliar de "evolução do dogma", não como mudança da verdade, mas de sua compreensão e formulação, que são sempre contingentes ao "paradigma cultural de uma época" (T. Kuhn). Para isso, era preciso "discernir

---

2   ALBERIGO, A. *Breve história do Concílio Vaticano II*. Aparecida: Ed. Santuário, 2006. p. 31.
3   As grandes conquistas da humanidade nos últimos séculos haviam se dado fora da Igreja, contra a Igreja, mas fundadas em valores evangélicos.
4   Cf. JOÃO XXIII. *Discurso de Abertura do Concílio*, 11 de outubro de 1962.

os sinais dos tempos" e, consequentemente, romper com uma racionalidade essencialista e a-histórica, dedutiva, e assumir um procedimento indutivo, capaz de afirmar e acolher a especificidade e a autonomia da história.

Segundo Y. Congar, apesar de, em relação às transformações da sociedade, a convocação de um novo Concílio estar chegando bastante tarde, do ponto de vista eclesial e, sobretudo, teológico, ela estava ocorrendo vinte anos mais cedo.[5] Mas não para o velho Papa, para quem o Vaticano II estava acontecendo "no momento exato", diz ele, numa das "horas históricas da Igreja, aberta a novos impulsos, a patamares mais altos".[6]

Na realidade, João XXIII não queria um Concílio para fazer "uma nova suma doutrinária, nem para responder a todos os problemas, mas para renovar a Igreja, confrontando-a com a história",[7] sem medos e sem condenações. Era tempo de levar a Igreja a confrontar-se com "os desvios, as exigências e as oportunidades da idade moderna"; era hora de um Concílio que possibilitasse "um conhecimento mais amplo e objetivo das possibilidades da Igreja com respeito à sociedade e a seu futuro".[8]

Imbuído desse espírito, o Papa, em seu Discurso de Abertura do Concílio no dia 11 de outubro de 1962, afirmou corajosamente seu "dever de discordar desses profetas de calamidades, que anunciam acontecimentos sempre nefastos, como se o fim do mundo estivesse chegando". No fundo, disse ele, "eles não aceitam a história;

---

[5] ALBERIGO, A. *Breve história do Concílio Vaticano II*, op. cit., p. 20.
[6] JOÃO XXIII, em Radio Mensagem de 11/09/1962.
[7] ALBERIGO, A. *Breve história do Concílio Vaticano II*, op. cit., p. 13.
[8] Ibid., p. 50.

não aceitam a radical ambiguidade da história".⁹ Já o Papa Bom amava profundamente a história e queria que a Igreja recuperasse a consciência de estar irreversivelmente imersa nela.

UM CONCÍLIO SOBRE A IGREJA, COM ENFOQUE PASTORAL

A nova sensibilidade de João XXIII dava a convicção geral de uma virada profunda no seio da Igreja Católica. Sobretudo pelo perfil do Concílio, que ele queria que tivesse um "cunho pastoral", não doutrinário, mas voltado para as novas exigências da presença e da missão evangelizadora no seio do mundo moderno. Portanto, um Concílio sobre a Igreja, desde a ótica pastoral ou da evangelização. Fundado nessas duas perspectivas do ser e da missão da Igreja, o Cardeal Suenens falou de um Concílio que se ocupasse da Igreja em sua esfera *ad intra* e *ad extra*. O que vai ao encontro do que João XXIII idealizara do Vaticano II: um "magistério de caráter prevalentemente pastoral, que vá ao encontro das necessidades das pessoas do mundo de hoje, mostrando mais a validade da doutrina do que a condenação".¹⁰

O caráter *ad intra* e *ad extra* da Igreja estava muito bem expresso pelo Papa: a) O que pode a Igreja oferecer ao mundo de hoje, diante dos problemas que ele apresenta? A Igreja precisa e quer ajudar a responder a todas as perguntas cruciais de todos os seres humanos, venham elas do campo social ou econômico, político, cultural ou religioso. b) Desde onde fala a Igreja, quando se pronuncia

---

[9] Cf. JOÃO XXIII. *Discurso de Abertura do Concílio*, 11 de outubro de 1962.
[10] Ibid.

sobre esses assuntos? Qual é o seu lugar no mundo, na sociedade? Como a Igreja concebe suas relações com o mundo de hoje e sobre que bases se deve estabelecer o diálogo com ele? c) Como a Igreja se autocompreende? Será que seu novo lugar de presença no mundo não a obriga a revisar sua própria autocompreensão?

O cunho pastoral do Concílio remete a uma Igreja "mãe", além de "mestra".[11] Ou a uma Igreja "samaritana", como dirá Paulo VI e retomado por *Aparecida*, sensível sobretudo à dor e ao grito dos mais pobres. Em resumo, "uma Igreja dos pobres, para que seja uma Igreja de todos", segundo João XXIII. Essa era uma das preocupações que estava no coração do Papa e que foi assumida, desde outubro de 1962, por um grupo informal de Padres Conciliares e peritos, denominado "Jesus, a Igreja e os pobres". Reuniões passaram a ter lugar no Colégio Belga, em Roma, para tratar da questão, sob a presidência do Pe. Gauthier, antes padre operário. Também integravam o grupo vários Padres Conciliares da América Latina, entre eles Dom Helder Camara e Dom Manuel Larraín, que teriam um papel fundamental na realização da Conferência de Medellín. Entretanto, por razões diversas, o grupo sempre permaneceu à margem da agenda do Concílio. Em outubro de 1963, com a morte de João XXIII, o novo Papa eleito, Paulo VI, pediu ao Cardeal Lercaro, de Bolonha, também membro do grupo, que apresentasse propostas concretas sobre a questão. Entretanto, atarefado na Comissão de Liturgia, o pedido só pôde ocupar o grupo no ano seguinte, mas já demasiado tarde. Seria preciso

---

[11] Cf. JOÃO XXIII. Encíclica *Mater et Magistra*, 1961.

esperar pela Conferência de Medellín para a questão ocupar o centro das preocupações da Igreja.[12]

1.2. Os eixos fundamentais do Concílio Vaticano II

Enquanto um Concílio sobre a Igreja, o Vaticano II fez uma ruptura radical com o eclesiocentrismo medieval e com o clericalismo e a romanização do catolicismo tridentino. Com muita dificuldade, mas de forma clara e profética, elaborou-se uma nova autocompreensão da Igreja, em diálogo com o mundo moderno e em espírito de serviço, especialmente aos mais pobres.

Entre os eixos fundamentais do Concílio, podemos destacar pelo menos seis deles, os quais, por sua vez, se constituem nos pilares da "recepção criativa" do Vaticano II na América Latina ou da "tradição libertadora latino-americana". Vejamos uma breve caracterização de cada um deles.

1º A DISTINÇÃO ENTRE IGREJA E REINO DE DEUS

O Vaticano II pôs em evidência que o Reino é mais amplo do que a Igreja. Esta é uma de suas mediações, ainda que privilegiada, dado que dispõe dos sacramentos e da Palavra Revelada. Enquanto servidora do Reino, o raio de atuação da Igreja vai além de suas próprias fronteiras. A Igreja existe para testemunhar e edificar o Reino de Deus no mundo, em diálogo com as demais Igrejas, religiões e todas as pessoas de boa vontade. Há obras do Espírito, para além das fronteiras da Igreja. Antes do missionário sempre chega o Espírito Santo, "que sopra onde, quando e em quem ele quer", diz o Concílio. O Reino de

---

[12] Cf. ALBERIGO, A. *Breve história do Concílio Vaticano II*, op. cit., p. 56-57.

Deus descentra a Igreja de si mesma, de suas questões internas, e leva-a a abraçar as grandes causas da humanidade, pois: "as alegrias e as esperanças, as tristezas e as angústias dos homens de hoje, sobretudo dos pobres e de todos os que sofrem, são as alegrias e as esperanças, as tristezas e as angústias dos discípulos de Cristo" (GS 1).

2º O PRIMADO DA PALAVRA NA VIDA E NA MISSÃO DA IGREJA

Concílio Vaticano II, com sua "volta às fontes", resgatou a "centralidade da Palavra" na vida da Igreja e na ação evangelizadora. A própria Igreja é fruto dessa Palavra acolhida e feita vida. Consequentemente, evangelizar não é sacramentalizar, mas, antes de tudo, ser uma Igreja testemunha, profeta e servidora da Palavra de Deus. No contexto pré-conciliar, o acesso às Escrituras era indireto, se dava através da liturgia, da pregação, dos sacramentos, da arte sacra etc., e a catequese girava em torno de "catecismos". O Movimento Bíblico, um dos múltiplos movimentos precursores e propulsores do Vaticano II, incentivou e impulsionou a leitura da Bíblia no seio da comunidade eclesial. O Concílio, mais precisamente na *Dei Verbum*, preconiza o acesso de todos os batizados às Escrituras (n. 6) e recomenda sua assídua leitura e estudo, bem como seu lugar primordial da catequese (n. 25).

3º A AFIRMAÇÃO DA BASE LAICAL DA IGREJA

Ao contrário do que prescrevia a eclesiologia pré-conciliar, o Vaticano II resgatou o modelo de Igreja das comunidades eclesiais dos primeiros séculos do cristianismo. Para o Concílio, não existem duas categorias de cristãos – os clérigos e os leigos –, mas um único gênero, os batizados. É do *tria munera ecclesiae* – os ministérios profético, sacerdotal e régio – que brotam todos os ministérios, inclusive os ministérios ordenados. Há uma radical igualdade em dignidade de todos os ministérios, pois todos eles se fundam no mesmo e único Batismo. A Igreja é, portanto, Povo de Deus, uma comunidade toda ela ministerial, tanto que, por séculos na Igreja, não existiu o termo "leigo" por não haver separação ou distância entre os ministérios ordenados e não ordenados. Os próprios ministérios ordenados, além de brotar dentro da comunidade, eram ministérios comunitários ou colegiados. O episcopado monárquico só se tornou regra depois de séculos e, ainda assim, jamais imposto, mas exercido com o beneplácito da comunidade.

4º A IGREJA TODA SE DÁ EM CADA IGREJA LOCAL

A eclesiologia conciliar, em sua volta às fontes, se reivindica da tradição neotestamentária e da patrística, afirmando a catolicidade da Igreja em cada Igreja local, em comunhão com as demais Igrejas. Não há Igreja nem anterior nem exterior às Igrejas locais. Em outras palavras, não existe Igreja fora da particularidade das Igrejas locais. Para o Vaticano II, a Diocese é "porção" do Povo de Deus, não "parte" (a porção contém o todo, a parte não). Nela está "toda a Igreja", pois cada Igreja local é depositária da totalidade do mistério de salvação, ainda que ela não seja a "Igreja toda", pois nenhuma delas esgota esse mistério. Consequentemente, uma suposta Igreja universal, que precede e acontece nas Igrejas locais, da qual o Papa seria o representante e garante, é pura abstração ou ficção eclesiológica. A Igreja una é "Igreja de Igrejas". No modelo eclesial neotestamentário, as Igrejas que vão nascendo não se constituem em "Igrejas de", materializando uma suposta Igreja universal que as precederia. Mas elas se constituem "Igrejas em", a mesma e única Igreja, que está toda (inteira) na Igreja local e que se configura, não como uma filial ou cópia de uma suposta "Igreja-mãe", mas como uma Igreja diferente, com rosto próprio, culturalmente nova, universal em sua particularidade.

5º A EVANGELIZAÇÃO ENQUANTO HUMANIZAÇÃO

O Vaticano II põe em evidência que com a Encarnação de Jesus e sua Ressurreição, o divino e o humano se encontram e se unem indissoluvelmente, sem oposição ou contradição: quanto mais divino, mais humano, e quanto mais humano, mais divino. Consequentemente, o cristianismo não propõe nada mais à humanidade, além de sermos plenamente humanos. A rigor, a proposta cristã não é confessional, válida só para os cristãos. A mensagem cristã é sempre Boa-Nova para qualquer religião, cultura ou pessoa. Os valores cristãos apontam para a plenitude do humano, para uma "vida em abundância", já a partir desta vida. Vida em plenitude para a "pessoa inteira e todas as pessoas" (*Populorum Progressio*). A mensagem cristã não tolhe o humano, antes o potencia, redimensiona e plenifica. Não é ameaça à autonomia e à liberdade de ninguém. Não é alienação e fuga, seja do corpo, seja da concretude da história. O Deus judaico-cristão não é um rival do ser humano, antes fonte de vida em plenitude.

6º A IGREJA EXISTE PARA A SALVAÇÃO DO MUNDO

A Igreja, enquanto "gérmen e princípio" do Reino de Deus na concretude da história, realiza sua missão no mundo e para o mundo. Segundo o Vaticano II, a Igreja está no mundo e existe para a salvação do mundo. Cabe-lhe, portanto, ser uma presença de serviço, numa postura de diálogo, buscando, juntamente com toda a humanidade, respostas ao desafio da edificação de um mundo justo e solidário para todos, segundo os ideais do Reino de Deus. Dado que Deus enviou seu Filho para salvar o mundo, a Igreja só é mediação da salvação de Jesus Cristo no mundo, na medida em que, com sua ação evangelizadora, o assume para redimi-lo. Consequentemente, o mundo não é indiferente ao cristão, exterior e separado de uma suposta vocação "celestial", pois é no mundo que acontece a salvação. Dado que, pela graça divina, a realidade do mundo está aberta a Deus, toda tarefa de humanização do mundo converge para Deus. Consequentemente, só quando a Igreja se encarna no mundo, torna-se sacramento de salvação do mundo.

2. Os sete sacramentos da recepção do Vaticano II na América Latina

A "recepção criativa" do Vaticano II em nosso subcontinente, que pouco a pouco foi tecendo a denominada "tradição latino-americana", não é algo propriamente novo, mas consequência e desdobramento das intuições básicas e eixos fundamentais do Concílio Vaticano II, em nosso próprio contexto. Ela foi sendo tecida em torno das diretrizes de ação emanadas pelas últimas quatro Conferências Gerais dos Bispos da América Latina: *Medellín* (1968), *Puebla* (1979), *Santo Domingo* (1992) e *Aparecida* (2007), ainda que, como já dissemos, em relação a *Medellín*, *Aparecida* é um resgate, *Puebla*, um freio e, *Santo Domingo*, seu estancamento.

Poderíamos caracterizar a palavra e o rosto próprio da tradição latino-americana, enquanto consequência e desdobramento das propostas do Vaticano II, em torno dos sete eixos principais, que se constituem numa espécie de "sete sacramentos da recepção criativa do Vaticano II na América Latina".

1º IGREJA COMUNHÃO E COMUNIDADES ECLESIAIS DE BASE

As CEBs são um dos principais sacramentos da recepção criativa do Vaticano II na América Latina e se remetem à eclesiologia do Vaticano II. O Concílio, superando o binômio clero/leigos, concebeu a Igreja como a comunidade dos batizados, na comunhão da radical igualdade em dignidade de todos os ministérios. Para a *Lumen Gentium*, não há dois gêneros de cristãos, mas um só – os batizados –, numa comunidade toda ela ministerial (LG 10). Tirando consequências dessa nova autocompreensão da Igreja, para *Medellín*, a comunhão eclesial precisa ser real e palpável, através de verdadeiras comunidades eclesiais, toda ela ministerial e todos sujeitos. Isso só é possível em pequenas comunidades, como nas Comunidades Eclesiais de Base (Med 7,4), célula inicial da estruturação eclesial, foco de evangelização (Med 15,10). Trata-se de comunidades de tamanho humano, ambientais, inseridas na sociedade, numa perspectiva profética e transformadora.

Por sua vez, a *Conferência de Puebla*, naquele momento, constata que as CEBs amadureceram muito, multiplicaram-se (DP 96) e produziram frutos (DP 97), tornando possível uma intensa vivência de Igreja como família de Deus (DP 239). Por isso, devem ser promovidas (DP 648). Entretanto, já como um freio a *Medellín*, adverte que em muitos lugares são manipuladas por políticos (DP 98) ou vão perdendo seu sentido eclesial (DP 630) e degeneram para a anarquia organizativa ou para o elitismo fechado e sectário (DP 261). A *Conferência de Santo Domingo*, com João Paulo II, afirma que as CEBs são um sinal de vitalidade da Igreja, instrumento de formação e de evangelização (SD 61). Admite que são válidas (SD 63) e é preciso multiplicar o número delas (SD 259). Mas, associando-se à desconfiança de *Puebla*, afirma que, quando não existe uma clara fundamentação eclesiológica e uma busca sincera de comunhão, deixam de ser eclesiais e podem ser vítimas de manipulação ideológica e política (SD 62). Por isso, é preciso fomentar nelas o espírito missionário e solidário e buscar sua integração com a paróquia, com a Diocese e com a Igreja universal (SD 63).

Aparecida, com profetismo, reafirma as CEBs, assumindo as duas categorias de *Medellín*, enquanto célula inicial da estruturação eclesial e foco de evangelização (DAp 178). Reconhece que elas demonstram seu compromisso evangelizador entre os mais simples e afastados, expressão visível da opção preferencial pelos pobres (DAp 179). Por isso, para uma Igreja comunidade de comunidades, urge a setorização da paróquia em unidades territoriais menores e, dentro dos setores, criar comunidades de família, animadas e coordenadas por equipes de leigos (DAp 372).[13]

---

[13] Cf. OLIVEROS, R. Igreja particular, paróquia e CEBs em Aparecida. In: VV.AA. *V Conferência de Aparecida*: renascer de uma esperança. São Paulo: Paulinas, 2008. p. 183-193; CODINA, V. A eclesiologia de Aparecida. In: VV.AA. *V Conferência de Aparecida*: renascer de uma esperança. São Paulo: Paulinas, 2008. p. 138-145.

2º SUJEITO ECLESIAL E SUJEITOS DA MISSÃO EVANGELIZADORA

Um segundo sacramento da recepção criativa do Vaticano II na América Latina são as comunidades eclesiais como os sujeitos da evangelização. O Vaticano II, ao afirmar a base laical da Igreja, fundada no tríplice ministério da Palavra, da Liturgia e da Caridade, faz da comunidade dos fiéis como um todo o sujeito eclesial, resgatando o *sensus fidelium* – "a Igreja somos nós", os batizados. Com isso, dá-se a passagem do binômio *clero/leigos* para o binômio *comunidade/ministérios* (LG 31). Para *Medellín*, com o Vaticano II, se a comunidade dos batizados, em todos os seus membros, é o sujeito eclesial, então, é também a comunidade, como um todo, o sujeito da ação evangelizadora (Med 6,13; 9,6). Por isso, é preciso passar da paróquia tradicional, uma estrutura centralizadora e clerical, a comunidades de serviço, no seio da sociedade, de forma propositiva e transformadora (Med 7,13).

Por sua vez, a *Conferência de Puebla* constata que há uma consciência crescente da necessidade da presença dos leigos na missão evangelizadora (DP 777). Verifica, à época, que eles já são mais ativos (DP 125), com uma maior consciência da sua própria vocação cristã (DP 850), apesar de persistir uma mentalidade clerical em numerosos agentes de pastoral (DP 784). A evangelização é um dever de toda a comunidade cristã (DP 474), mas sob a autoridade do bispo, que conduz a comunidade eclesial (DP 1226), em nome de Cristo (DP 278), como mestre da verdade (DP 259), instância de decisão e de interpretação autêntica e fiel da doutrina da fé (DP 374). Para a *Conferência de Santo Domingo*, a evangelização se desenvolve na comunidade dos batizados, no seio de comunidades vivas, que partilham sua fé e se expressam principalmente no amor fraterno (SD 23). Na evangelização, os leigos devem ser os protagonistas, o que implica uma promoção do laicato, livre de todo clericalismo e sem redução ao intraeclesial (SD 97). Constata, entretanto, que nas Igrejas locais causam preocupação divisões e conflitos entre clero e leigos (SD 68). O ministério dos bispos, presbíteros e diáconos, em comunhão com o Papa, é essencial na Igreja (SD 67).

Para *Aparecida*, a Igreja como um todo precisa estar em estado permanente de missão, de modo que "cada comunidade seja um poderoso centro irradiador da vida em Cristo". Comunidades evangelizadoras para uma Igreja missionária (DAp 362).

3º IGREJA POVO DE DEUS E IGREJA DOS POBRES

Um terceiro sacramento da recepção criativa do Vaticano II na América Latina é uma Igreja pobre, que se remete à Igreja Povo de Deus. O Vaticano II vê na *koinonía* dos batizados o novo Povo de Deus, que peregrina com toda a humanidade (LG 9). O destino do Povo de Deus não é diferente do destino de toda a humanidade, pois Deus quer salvar a todos e Jesus trouxe a salvação para todos (LG 1). Na perspectiva de João XXIII, para que haja uma Igreja de todos, é preciso uma Igreja dos pobres – "uma Igreja dos pobres para ser a Igreja de todos". Para *Medellín*, não basta uma "Igreja dos pobres". A ação evangelizadora, enquanto testemunho de Jesus, "que sendo rico se fez pobre para nos enriquecer com sua pobreza", passa pela visibilidade de uma "Igreja pobre". É impossível evangelizar sem dar testemunho, muito menos estar com os pobres sem solidarizar-se com sua situação, fazendo-se um com eles (Med 14,7).

Na mesma perspectiva, *Puebla* recorda que Deus, para salvar a humanidade, enviou seu Filho, que nasceu pobre e viveu entre os pobres, para fazer-nos ricos em sua pobreza (DP 1143). Constata, neste particular, que nem todos na Igreja da América Latina temos nos comprometido suficientemente com os pobres (DP 1140). Mas põe adjetivo na opção pelos pobres: serviço aos pobres é a medida privilegiada, ainda que não *excludente*, de nosso seguimento de Cristo (DP 1145). Para *Santo Domingo*, descobrir no rosto sofredor dos pobres o rosto do Senhor é algo que desafia todos os cristãos a uma profunda conversão pessoal e eclesial (SD 178). É preciso promover, nos diversos setores da Igreja, uma pastoral social que parta da opção preferencial pelos pobres, atuando no anúncio, denúncia e testemunho, bem como promovendo iniciativas de cooperação no contexto de uma economia de mercado (SD 200). Mas vai falar dos pobres como "destinatários" da Igreja: com a nova evangelização nos comprometemos também a trabalhar por uma promoção integral do povo latino-americano, tendo como preocupação que seus principais destinatários sejam os mais pobres (SD 31).

Para *Aparecida*, nosso tempo e nosso contexto de exclusão exigem uma Igreja samaritana, pois ela não pode estar alheia aos grandes sofrimentos, dos quais padece a maioria de nossa gente, que frequentemente são pobrezas escondidas (DAp 176). A Igreja na América Latina precisa continuar sendo, com maior afinco, companheira de caminho de nossos irmãos mais pobres, inclusive até o martírio (DAp 396).[14] Ela está convocada a ser "advogada da justiça e defensora dos pobres", diante das intoleráveis desigualdades, que clamam aos céus (DAp 395).

4º OPÇÃO PELO SER HUMANO E OPÇÃO PELOS POBRES

Um quarto sacramento da recepção criativa do Vaticano II na América Latina é a opção pelos pobres. O Vaticano II, rompendo com uma fé metafísica e abstrata, fala de Deus a partir do ser humano e busca servir a Deus, servindo o ser humano. Na ação evangelizadora, portanto, opta pelo ser humano como caminho da Igreja (GS 3). Para Paulo VI, é preciso conhecer o ser humano para conhecer a Deus (*Ecclesiam suam*). *Medellín*, com o Vaticano II, ao optar pelo ser humano, dado o contexto marcado por escandalosa exclusão da maioria, que são os preferidos de Deus, opta antes pelos pobres (Med 14,9), pois se trata de promover a fraternidade de todo o gênero humano, dos filhos de Deus. Essa opção consiste em fazer do pobre não um objeto de caridade, mas sujeito de sua própria libertação: "a promoção humana será a perspectiva de nossa ação em favor do pobre, respeitando sua dignidade pessoal e ensinando-lhe a ajudar-se a si mesmo" (Med 14,10). Por isso, a opção pelos pobres, mais que um trabalho prioritário, é uma ótica, que cabe a todos, mas a partir do pobre, em vista de um mundo inclusivo de todos.

Puebla reafirma Medellín, mas com adjetivos de cautela. Vai dizer que a Igreja fez uma opção preferencial pelos pobres (DP 382), solidária (DP 1134), especial (DP

---

[14] Cf. GUTIÉRREZ, G. Aparecida: a opção preferencial pelo pobre. In: VV.AA. *V Conferência de Aparecida*: renascer de uma esperança. São Paulo: Paulinas, 2008. p. 123-137.

1144). Frisa que houve desvios e interpretações que desvirtuam o espírito de Medellín (DP 1134). Na opção pelos pobres, adverte que há sinais que ajudam a discernir quando se trata de libertação cristã e quando, ao contrário, se nutre de ideologias que anulam a visão evangélica (DP 489). Para *Santo Domingo*, a Doutrina Social da Igreja se constitui na base e estímulo de uma autêntica opção preferencial pelos pobres (SD 50). Mas vai aumentar os adjetivos em torno da opção pelos pobres: uma opção evangélica e preferencial pelos pobres, firme e irrevogável, porém, não exclusiva nem excludente (SD 178).

Aparecida ratifica e potencializa a opção pelos pobres, apoiando-se no Discurso Inaugural de Bento XVI: "a opção pelos pobres radicada na fé cristológica" (DAp 392).[15] Para que seja preferencial, precisa atravessar todas as estruturas e prioridades pastorais (DAp 397). "Preferencial" não é mera "prioridade". É antes uma ótica, segundo a qual se vai a todos na perspectiva dos pobres. Por isso, adverte, evite-se toda atitude paternalista (DAp 397), procurando, a partir dos pobres, a mudança de sua situação, pois eles são sujeitos da evangelização e da promoção humana integral (DAp 399). Isso só será possível se for fortalecida, particularmente em cada Igreja local, uma Pastoral Social estruturada, orgânica e integral, para que todo processo evangelizador promova a autêntica libertação (DAp 401).[16]

---

[15] Ibid., p. 127-128.
[16] Cf. TORRES, S. A Pastoral Social em Aparecida. In: VV.AA. *V Conferência de Aparecida*: renascer de uma esperança. São Paulo: Paulinas, 2008. p. 241-254.

5º INSERÇÃO NO MUNDO, MAS DENTRO DE QUE MUNDO?

Um quinto sacramento da recepção criativa do Vaticano II na América Latina é uma Igreja que se insere no lugar social dos pobres. O Vaticano II conclamou a Igreja a inserir-se no mundo, dado que, embora não seja deste mundo, ela está no mundo e existe para a salvação do mundo (LG 48). Mas *Medellín* se perguntará: inserir-se dentro de que mundo? Do mundo da minoria dos incluídos ou da maioria dos excluídos? Em consequência, a opção pelo sujeito social – o pobre – implica igualmente a opção pelo seu lugar social. A evangelização, enquanto anúncio encarnado, precisa do suporte de uma Igreja sinal, compartilhando a vida dos pobres (Med 14,15) e sendo uma presença profética e transformadora (Med 7,13). O episcopado latino-americano não pode ficar indiferente diante das injustiças sociais existentes no continente (Med 14,1).

Para *Puebla*, a Igreja, conhecedora da situação de pobreza, marginalidade e injustiça da grande maioria da população e de violação dos direitos humanos, deve ser cada vez mais a voz dos pobres, mesmo com o risco que isso implica (DP 1094). Aparece uma Igreja voz dos pobres, mas não uma Igreja pobre e no meio dos pobres. Tende a espiritualizar o compromisso com os pobres: opção preferencial pelos pobres tem como objetivo o anúncio de Cristo Salvador, quem os iluminará sobre sua dignidade, os ajudará em seus esforços de libertação de todas as carências e os levará à comunhão com o Pai e os irmãos, mediante a vivência da pobreza evangélica (DP 1153).

Santo Domingo, por sua vez, em lugar de assumir o pobre como sujeito, tende a fazer dele um objeto de caridade, na linha da assistência: é preciso privilegiar o serviço fraterno aos mais pobres entre os pobres e ajudar as instituições que cuidam deles: os deficientes, enfermos, idosos solitários, crianças abandonadas, prisioneiros, portadores de enfermidades endêmicas e todos aqueles que requerem a cercania misericordiosa do "bom samaritano" (SD 180). E diante do fato de muitas comunidades religiosas terem deixado colégios e escolas e ido se inserir no meio dos pobres, faz um chamado para que voltem a assumir essas obras e trabalhar pelos pobres a partir delas (SD 275).

Para *Aparecida*, a opção pelo sujeito social – o pobre – e seu lugar social faz dos cristãos também agentes da criação de estruturas que consolidem uma ordem social, econômica e política, inclusiva de todos (DAp 406). A Igreja tem responsabilidade de formar cristãos e de sensibilizá-los a respeito das grandes questões da justiça internacional (DAp 384). Constata que, se muitas estruturas atuais geram pobreza, em parte se deve à falta de fidelidade a compromissos evangélicos de muitos cristãos com especiais responsabilidades políticas, econômicas e culturais (DAp 501).

6º EVANGELIZAÇÃO E PROMOÇÃO HUMANA

Um sexto sacramento da recepção criativa do Vaticano II na América Latina é uma evangelização libertadora. O Vaticano II superou todo dualismo entre matéria/espírito, sagrado/profano, história/meta-história, ao conceber a salvação como redenção da pessoa inteira e de todas as pessoas (GS 45). Em consequência, para *Medellín*, como não há duas histórias, mas uma única história de salvação que se dá na história profana, a obra da salvação é uma ação de libertação integral e de promoção humana (Med 2,14,a; 7,9; 7,13; 8,4; 8,6; 11,5). Na evangelização, é preciso estabelecer laços entre evangelização e promoção humana (Med 7,9). Consequente com o Vaticano II, que afirma a vontade de Deus de salvar em comunidade, a promoção humana implica o estabelecimento de estruturas justas, como condição para uma sociedade justa. Com isso, a salvação se faz libertação – "toda libertação já é uma antecipação da plena redenção em Cristo" (Med 4,9). "Não teremos Continente novo, sem novas e renovadas estruturas" (Med 1,3), sem "o desenvolvimento integral de nossos povos" (Med 1,5).

Puebla, recolhendo *Evangelii Nuntiandi*, pontuará que a promoção humana, em seus aspectos de desenvolvimento e libertação, é parte integrante da evangelização (DP 355), assim como a promoção da justiça (DP 1254). Trata-se da promoção da libertação integral da pessoa humana, em sua dimensão terrena e transcendente, contribuindo, assim, para a construção do Reino último e definitivo, sem confundir, entretanto, progresso terrestre e crescimento do Reino de Cristo (DP 475). *Santo Domingo*, retomando *Medellín*, diz que a promoção humana significa passar de condições menos humanas a condições cada vez mais humanas (SD 162). Mas vai falar de uma autêntica "promoção humana", uma promoção integral, do ser humano em todas as suas dimensões: ela exige uma renovada espiritualidade que, iluminada pela fé que se proclama, anime, com a sabedoria de Deus, a autêntica promoção humana e seja fermento de uma cultura cristã (SD 45).

Para *Aparecida*, a promoção da vida plena em Cristo, na perspectiva do Reino, nos leva a assumir as tarefas prioritárias que contribuem com a dignificação de todos os seres humanos, não só dos cristãos. Necessidades urgentes nos levam a colaborar, consequentemente, com outras pessoas, organismos ou instituições, para organizar estruturas mais justas, no âmbito nacional e internacional (DAp 384). Um bom cristão é aquele que é um bom cidadão, cidadão universal, promotor de uma sociedade justa e solidária para todos, expressão da dimensão imanente do Reino de Deus.

7º *DIAKONÍA* HISTÓRICA E PROFETISMO

Um sétimo sacramento da recepção criativa do Vaticano II na América Latina são os mártires das causas sociais. Para o Vaticano II, a Igreja precisa exercer uma *diakonía* histórica, ou seja, um serviço no mundo (GS 42), que contribua para o progresso e o desenvolvimento humano e social (GS 43). Por sua vez, *Medellín*, em sua opção pelos pobres e seu lugar social, faz da *diakonía* um serviço profético. Afirma que a missão evangelizadora se concretizará na denúncia da injustiça e da opressão, constituindo um sinal de contradição para os opressores (Med 14,10). Lembra e encoraja que o serviço profético pode levar ao martírio, expressão da fidelidade à opção pelos pobres.

Para *Puebla*, cresceu na Igreja da América Latina a consciência de seu compromisso com o social, como atestam a publicação de documentos sobre a justiça social, a criação de organismos de solidariedade e defesa dos direitos humanos e o maior compromisso de presbíteros e religiosos com os pobres, que tem redundado em perseguição e, às vezes, morte, como testemunho de sua missão profética (DP 92). Mas adverte que a libertação deve ser sempre entendida no desígnio global da salvação (DP 479), integral, que não se esgota no temporal (DP 141) e implica verdadeira conversão, a fim de que chegue a nós o Reino de justiça, de amor e de paz (DP 484). *Santo Domingo* afirma que as CEBs, pastoralmente bem assistidas, constituem um bom meio para aprender a viver a fé em estreita comunhão com a vida, assim como a contribuição significativa dos movimentos apostólicos (SD 48). Entretanto, como os católicos não têm plena consciência de sua pertença à Igreja, em consequência, o mundo do trabalho, da política, da economia, da ciência, da arte, da literatura e dos meios de comunicação social não são guiados por critérios evangélicos (SD 96).

Para *Aparecida*, o empenho da Igreja no continente em favor dos pobres redundou em perseguição e morte de muitos, que consideramos testemunhas da fé, nossos santos e santas, ainda não canonizados (DAp 98). Nesse particular, constata que em nossa experiência eclesial as CEBs têm sido verdadeiras escolas de formação de cristãos comprometidos com sua fé, testemunhas de entrega generosa, até mesmo com o derramar do sangue de muitos de seus membros (DAp 178). Em nome da fé, deram a vida para que outros tivessem vida; foram consequentes com exigências históricas da mensagem evangélica.

Conclusão

Não é possível abordar a caminhada da Igreja nestes 50 anos de renovação conciliar sem fazer referência à "recepção criativa" do Vaticano II na América Latina, tecida em torno das Conferências de *Medellín, Puebla, Santo Domingo e Aparecida*. Em nosso subcontinente, a renovação do Vaticano II dá origem à "tradição libertadora latino-americana", fruto de desdobramentos das intuições e dos eixos fundamentais do Concílio, em um contexto marcado pela injustiça e a exclusão. Com ousadia e profetismo, a Igreja na América Latina fez do Concílio um "ponto de partida", plasmando uma palavra e um rosto próprios. Sua palavra está codificada na teologia da libertação, a primeira teologia na história do cristianismo surgida diferente e fora do eurocentrismo que ainda caracteriza o catolicismo. No princípio houve várias dificuldades e mal-entendidos, mas na atualidade muitas de suas categorias já estão integradas na teologia cristã enquanto tal. Quanto ao rosto próprio da Igreja no subcontinente, certamente imprimem-lhe traços muito característicos as CEBs, o compromisso dos cristãos no seio da sociedade em perspectiva libertadora, especialmente entre os pobres e os mártires das causas sociais.

Esse modo de ser Igreja, longe de ver-se superado, foi resgatado e reimpulsionado por *Aparecida*. Isso só foi possível porque a Quinta Conferência não perdeu de vista o Concílio Vaticano II, de quem a tradição latino-americana se reivindica. Por isso, se quisermos manter viva a tradição libertadora latino-americana, é preciso "coragem, persistência e docilidade à graça de prosseguir na renovação iniciada pelo Concílio Vaticano II" (DAp 100h).

Referências bibliográficas

ALBERIGO, A. *Breve história do Concílio Vaticano II*. Aparecida: Ed. Santuário, 2006. p. 31.

CODINA, V. A eclesiologia de Aparecida. In: VV.AA. *V Conferência de Aparecida*: renascer de uma esperança. São Paulo: Paulinas, 2008. p. 138-145.

GUTIÉRREZ, G. Aparecida: a opção preferencial pelo pobre. In: VV.AA. *V Conferência de Aparecida*: renascer de uma esperança. São Paulo: Paulinas, 2008. p. 123-137.

JOÃO XXIII. Anúncio do Concílio na Homilia proferida na Basílica de São Paulo. Roma, no dia 25 de janeiro de 1959.

_____. *Discurso de abertura do Concílio*, 11 de outubro de 1962.

_____. Encíclica *Mater et Magistra*, 1961.

OLIVEROS, R. Igreja particular, paróquia e CEBs em Aparecida. In: VV.AA. *V Conferência de Aparecida*: renascer de uma esperança. São Paulo: Paulinas, 2008. p. 183-193.

TORRES, S. A Pastoral Social em Aparecida. VV.AA. *V Conferência de Aparecida*: renascer de uma esperança. São Paulo: Paulinas, 2008. p. 241-254.

Impresso na gráfica da
Pia Sociedade Filhas de São Paulo
Via Raposo Tavares, km 19,145
05577-300 - São Paulo, SP - Brasil - 2013